Mona Frei

Das astrologische Tarotbuch

Die persönliche Kartendeutung

Mona Frei

Das astrologische Tarotbuch

Die persönliche Kartendeutung

Mit dem Motherpeace-Round-Tarot-Deck

Kompetenz Verlag · Dorfen

Die Deutsche Bibliothek - CIP-Einheitsaufnahme

Das **astrologische Tarotbuch** : die persönliche Kartenanalyse / Mona Frei.-
Dorfen : Kompetenz-Verl., 1998
ISBN 3-931142-06-X

Die Ratschläge in diesem Buch wurden von der Autorin und vom Verlag sorgfältig geprüft. Dennoch kann keine Garantie übernommen werden. Eine Haftung der Autorin bzw. des Verlages ist ausgeschlossen.

Umwelthinweis:
Alle bedruckten Materialien dieses Buches
sind chlorfrei und umweltfreundlich

Umschlaggestaltung: Otón Pabst
Illustrationen: Motherpeace Round Tarot Deck
U.S.Games Systems,Inc.,Stamford,CT 06902 USA

Redaktionelle Bearbeitung: Isabella Müller
Druck und Verarbeitung: WB - Druck, Rieden am Forggensee
ISBN 3 - 931142 - 06 -X
Printed in Germany

INHALT

Die große Arkana

Die kleine Arkana

Element Feuer

Element Wasser

Element Luft

Element Erde

Vorwort

Liebe Leserinnen und Leser!

Die Faszination dieses Buches begründet sich in der Verknüpfung der Persönlichkeitsstruktur mit der Interpretation der Tarotkarten, die Sie zu Fragen des Alltags ziehen.

Da ein Geburtshoroskop den Lebensweg eines Menschen aufzeigt und exakte Auskunft über die Zusammensetzung seines Wesens gibt, bettet die Autorin die Antworten der Tarotkarten in die Konstellation Ihrer Horoskopzeichnung ein. Die Tarotkarten zeigen die Zeitqualität des Augenblicks, der in das große Rad des Schicksals eingewoben und untrennbar mit <der großen Zeit> verbunden ist. Da jeder Mensch eine unterschiedliche Persönlichkeitsstruktur besitzt und eine eigene Zeitqualität durchläuft, erweist sich die Verbindung der beiden Instrumentarien als äußerst sinnvoll und aussagekräftig.

Durch die Verwendung des ansprechenden und symbolhaften Motherpeace Tarotdecks für die Karteninterpretationen stellt dieser Titel ein reizvolles Handbuch sowohl für Anfänger als auch für Kenner dar. Jede der kunstvoll gestalteten Karten erzählt eine Geschichte, die vom Streben nach der Rückkehr zum Ursprung unseres Seins kündet.

Um jedoch auch den Tarotliebhabern der traditionellen Rider-Waite Karten gerecht zu werden, finden diese Bilder hier auch ihre Berücksichtigung.

Eine Geburtshoroskopzeichnung sowie ein Kartendeck können Sie über Ihre Buchhandlung oder mit beiliegender Bestellkarte erwerben.

Wagen Sie den Blick in Ihre Zukunft und staunen Sie über die Weisheit jener Allmacht, die dem Weltall das Leben schenkt.

Überlieferte Weisheit der Sternengöttin

Ich bin die Schönheit der grünen Erde
und die weiße Mondin unter den Sternen
und das Geheimnis der Wasser.
Ich rühre deine Seele an, damit sie sich erhebe
und zu Mir komme.
Denn Ich bin die Seele der Natur, die dem Weltall
das Leben schenkt.
Von mir kommt alles her, in Mich kehrt alles zurück.
Alle freudigen Herzen sollen Mich verehren, denn siehe:
Alles, was mit Liebe und Freude getan wird, ist ein Ritual
für Mich.
In dir sei Schönheit und Stärke, Kraft und Hingabe,
Ehre und Bescheidenheit, Heiterkeit und Verehrung.
Du, die du Mich erkennen willst -
wisse, dass dein Suchen und Sehnen nichts bewirken wird,
es sei denn, du erkennst dieses Geheimnis:
Wenn du das, wonach du suchst, nicht in dir selber findest,
so wirst du es auch nirgendwo sonst finden.
Denn siehe! Ich war mit dir von Anfang an,
und Ich selbst bin es, die du erhalten wirst,
wenn dein Wollen und Wünschen
zur Ruhe gekommen ist.

Teil I: Astrologie

Um den astrologischen Aspekt nutzen können, erhalten Sie im ersten Teil des Buches die wichtigsten astrologischen Informationen, damit Sie die Brücke von der Astrologie zum Tarot schlagen können.

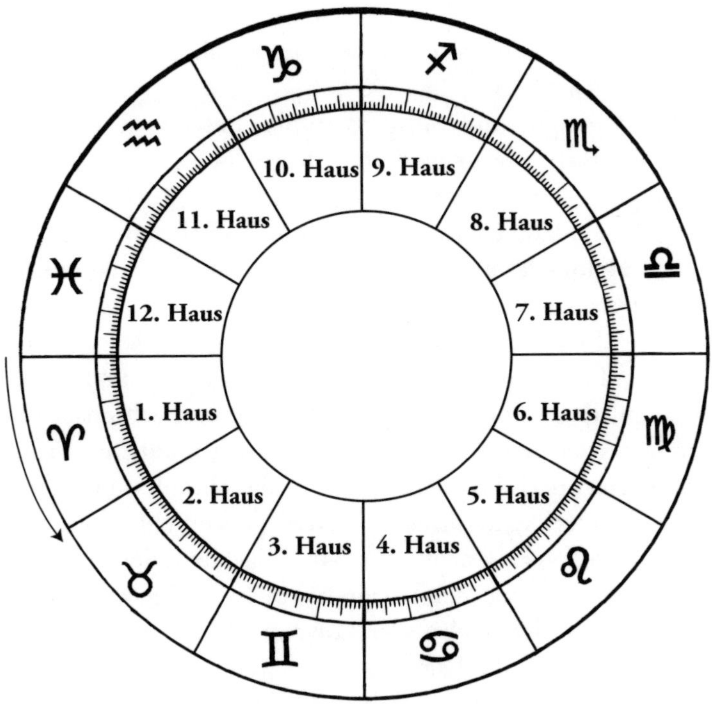

Die Bedeutung des Aszendenten für die individuelle Persönlichkeitsstruktur

Aszendent leitet sich vom lat. ascendere = aufsteigen ab, was heißt, dass es sich um jenes Tierkreiszeichen handelt, das zur Geburtszeit des Wesens am Horizont aufgestiegen ist. In ihm liegen das ganze Sein des Menschen, seine Geschichte und seine Wachstumsbedingungen. Wenn Sie also Ihren Aszendenten kennen, kennen Sie schon Ihre Veranlagungen. Alle Ihre Bemühungen im Laufe Ihres Lebens basieren auf den Möglichkeiten, die Ihnen Ihr Aszendent „erlaubt". Ihr ganzes Leben kann sich nur auf der Qualität Ihres Aszendenten entwickeln.

Als Anfangs- und Ausgangspunkt unserer Wanderung über die Erde gibt er weiterhin die seelisch-geistige Orientierung, die wir auf diesem Weg brauchen.

Im folgenden gehen wir davon aus, dass Sie auf der nördlichen Halbkugel unserer Erde geboren wurden, andernfalls würden sich manche Aussagen verschieben. Der Frühlingsbeginn fällt auf der nördlichen Erdhalbkugel in den Widder, Krebs auf den Sommer-, Waage auf den Herbst- und Steinbock auf den Winteranfang. Demzufolge ist auch unser Aszendentenzeichen unser ganz persönlicher innerer Frühlingsbeginn und das Medium coeli, die Himmelsmitte und das Lebensziel symbolisierend, unser persönlicher Sommerpunkt, im folgenden oft mit MC abgekürzt. Jemand, der unter dem Zeichen der Waage beispielsweise geboren wurde, hat entweder Krebs oder Löwe am MC. Sein persönlicher Sommerpunkt beginnt dann, wenn die Sonne eines dieser beiden Zeichen durchläuft. Dann spürt er, ob ihm sein Lebensauftrag, den er zu erfüllen hat, bewusst ist oder nicht. Das heißt, es beschäftigen ihn Gedanken, die mit seiner weiteren Entwicklung im Zusammenhang stehen. Diese Feststellung können Sie für sich ganz persönlich betrachten, je nachdem welchen Aszendenten und MC Sie haben.

Neben dem Aszendenten ist die Sonne das wichtigste Instrument bei der astrologischen Persönlichkeitsanalyse. Sie ist das Symbol für Ihr Handeln und Tun, für das bewusste, aktive Streben Ziele zu erreichen und dafür Geist und Willen einzusetzen.

Lesen Sie auf Seite 56 die Bedeutungen Ihres Sonnenzeichens und kombinieren Sie die Sonnenaussage mit den Qualitäten Ihres Aszendenten. So verfügen Sie schon über eine umfangreiche Persönlichkeitsanalyse. Wenn Sie ein eigenes Geburtsbild (Horoskop) besitzen, sehen Sie nach, welche Häuser für welche Lebensbereiche stehen, und weben Sie die Häuserqualitäten in die Zeichendeutung mit ein, dann sind Sie schon eine fast perfekte Astrologin / Astrologe.

Wenn Sie nun die Tarotkarten einsetzen, um über anstehende Fragen, die Sie gerade beschäftigen, Auskunft zu erhalten und diese Auskünfte auf der Basis Ihrer Astro Auswertung auslegen, dann haben Sie ein Instrument in Händen, das Ihnen schon sehr präzise Antworten für Ihr Leben bieten kann. Beachten Sie also bitte, dass alle Tarotkartenaussagen nur auf der Horoskopgrundlage wirksam werden können. Das bedeutet, wenn beispielsweise astrologisch gesehen in diesem Leben für Sie keine Erweiterung in Ihrem Geldhaus zu erkennen ist, auch die Tarotkarte, die Sie auf diese Frage hin gezogen haben, nur in beschränktem Maße wirksam werden kann, da das Geburtshoroskop den vorgesehenen Lebensplan in Symbolen darstellt. Das ist das Gesetz, nach dem ich angetreten.

Das, was hier beschrieben wird, sind nicht Verhaltenseigenschaften wie wir sie beim Sonnenzeichen ablesen können, sondern der Aszendent stellt die Anlage bzw. die Begabung des Menschen dar.

Zum Beispiel: Sie haben einen Widder Aszendenten für Sie ausgemacht, dann kann es sein, dass Ihr zweites Haus, das Haus des Besitzes, mit dem Stierzeichen beginnt. Die genannte Konstellation würde dafür sorgen, dass Sie in finanzieller Hinsicht eine Bereicherung erwarten können. Ziehen Sie nun die Karte Scheiben Sechs, dann können Sie beruhigt in die Zukunft blicken, denn die Fülle, die die Karte prophezeit, wirkt sich in diesem Fall stärker aus als bei jemanden, dessen zweites Haus vom Tierkreiszeichen Steinbock beherrscht wird. Wenn Sie sicher gehen wollen, mit welchen Zeichen Ihre Häuser beginnen, so sollten Sie sich eine Horoskopzeichnung besorgen. Den Hausanfang suchen Sie auf Ihrem Horoskopbild immer gegen den Uhrzeigersinn.

Die folgenden drei Aszendentenzeichen werden dem Element Feuer zugeordnet. Die Feuerzeichen unterscheiden sich von den übrigen Elementen insoferne, dass sie unmittelbar auf die Herausforderungen des Lebens reagieren. Ihre Antwort auf die Ansprüche des Lebens entspringt ihrer feurigen und spontanen Vitalität. Sie setzen ihre inneren Impulse sofort um und entfachen das Feuer für die Welt.

Aszendent Widder, Mars als dazugehöriger Planet

♈

Mit dem Widdertypen werden nun all jene angesprochen, die unter dem Widderzeichen geboren sind, bei denen dieses Zeichen am Horizont aufstieg, als sie das Licht der Welt erblickten. Da Widder neben Stier,

Fische und Wassermann zu den schnell steigenden Zeichen zählt, gibt es auf der nördlichen Halbkugel nicht sehr viele Menschen, die diesen Aszendenten haben.

Was sich beim widderbetonten Menschen vor allen Dingen durchsetzt, sind seine Kraft durch den beherrschenden Mars und seine streitbare Natur, die ihn mit voller Energie durchs Leben treibt. Streit und der Auseinandersetzung geht er nicht aus dem Weg, ja er ist derjenige, der das Feuer entfacht. Wie gedopt hetzt er mit Volldampf durch das Leben und schöpft aus scheinbar nicht versiegenden Quellen Lebensenergie. Innehalten, Rast und Meditation erscheinen ihm unnatürlich und er fühlt sich berufen, ein Anführer zu sein. Er fürchtet kein Risiko, will sich exponieren, besonders in Situationen, wo Neues in Gang gesetzt wird.

Da Steinbock sein zehntes Haus, also sein Lebensergebnis, regiert, liegt seine Lernaufgabe und seine Berufung in der Disziplinierung. Wenn Sie über ein eigenes Horoskopbild verfügen, können Sie ablesen, auf welchem Gebiet sich der Widdergeborene besonders disziplinieren soll. Suchen Sie dafür, in welchem Haus Saturn, der Herrscher des Steinbockzeichens steht, und so erkennen Sie genau Ihr zu erreichendes Lebensziel und Ihre Berufung.

Wenn Sie Fragen zu Ihren finanziellen Angelegenheiten stellen, müssen Sie Ihr zweites Haus betrachten. Es ist das Haus des Besitzes und des Bestandes, immateriell wie materiell gesehen, und steht für jemand mit AC Widder unter dem Zeichen Stier oder für manche auch unter Zwillinge. Stier ist das Zeichen für Besitz und Abgrenzung und betont hier ein lebhaftes Interesse an Besitztum, auch an Sicherheit, Festigung, Beständigkeit und Genuss. Wenn Sie über ein eigenes Horoskop verfügen, können Sie nachsehen, wo sich der dazugehörige Planet, die Venus, befindet, dann wissen

Sie sofort, da die Häuserbedeutungen in diesem Buch aufgezeigt werden, auf welchem Gebiet Sie mit Fülle und Reichtum rechnen können.

Anders verhält es sich, wenn Zwilling im zweiten Haus, also im Haus des Besitzes steht. Die Stärke des Zwillings sind sein Denken und sein gutes Gedächtnis besonders für Wörter, Begriffe und Zahlen. Dieser AC-Widder-Mensch kann ein guter Finanzfachmann im Sinne von Anlagenberatung oder ein erfolgreicher Versicherungsagent sein. Nicht das Besitzenwollen steht im Vordergrund - das Zwillingszeichen im zweiten Haus ist keine Garantie für Reichtümer - sondern das Bewegen von Finanzmitteln. Wenn Sie nun Fragen zu finanziellen Angelegenheiten haben und dazu eine Tarotkarte ziehen, müssen Sie deren Aussage mit der Situation des Geburtshoroskops kombinieren.

Ein weiteres Thema von großem Allgemeininteresse ist die Frage nach Begegnung und Partnerschaft und betrifft das siebte Haus. Bei Aszendent Widder steht das Haus der Begegnung und Partnerschaft in allen Fällen unter dem Zeichen Waage. Das Beziehungsproblem gehört zu den schwierigsten Themen des Widdergeborenen, denn das Zeichen Waage steht mit seinem Harmoniebedürfnis gerade als Wächter des Ausgleichs seiner Anlage gegenüber. Der Unruhige sehnt sich nach Ruhe und kann sie doch nur schwer finden. Sehen Sie, wo sich die Venus in Ihrem Radix befindet, dann wissen Sie, wo der Hafen der Ruhe und Entspannung für Sie zu finden ist. Wenn Sie dann dazu eine Tarotkarte ziehen, können Sie die Tatsache, dass Sie einen Partner oder Partnerin benötigen, der oder die eine Waage-Venusbetonung in seinem / ihrem Horoskop hat, gleich miteinfließen lassen. Eine solche Betonung wäre gegeben, wenn

Waage das erste oder siebte Haus anschneiden würde oder die Venus in einem dieser beiden Häuser stehen würde.

Aszendent Löwe, dazugehöriger Planet Sonne

Ein unter dem Aszendenten Löwe geborener Mensch glaubt ein ganz besonderes Anrecht auf sein Leben auf diesem Planeten Erde zu haben. Er fühlt sich als Privilegierter, als König, der auf seinem Thron sitzt und möchte auch so gesehen werden.

Wenn jemand sein Recht auf dieses Leben so stark empfindet wie der Löwetypus, dann kann man sich gleichzeitig seine innere Überlegenheit und Gelassenheit vorstellen, mit der er durchs Leben wandelt. Ihn umgibt eine Aura von Würde und Erhabenheit.

Es geht aber nicht nur um diese Selbstdarstellung, auch wenn sie gerne als Show zelebriert wird. Der Mensch mit AC Löwe ist aufgefordert, aus eigener Kraft Neues zu schaffen, kreativ zu sein, etwas zu bewirken und hervorzubringen. Er wird daran gemessen, was er aus seinem Leben macht.

Wenn das Zeichen Fische sein zehntes Haus anschneidet, das sein Lebensziel symbolisiert, bedeutet dies, dass seine Lebensergebnisse religiös gefärbt sind oder auch, dass er für seine Mitmenschen nicht einzuschätzen und nicht konkret zu fassen ist und er sich den Traum seiner Königswürde zeitlebens beibehält. Befindet sich das Zeichen Widder am MC, so wird er durch seine Kraft und Energie in die Annalen seines Lebensumfeldes eingehen. Er ist berufen, seine Energien für die Menschheit einzusetzen und mit ihnen ein Werk zu vollbringen oder einen Kampf durchzufechten, von dem andere profitieren können.

Hat der Löwegeborene das Zeichen Stier am Zenitpunkt, so heißt dies, dass der Horoskopeigner ein geruhsames, genüssliches Leben erreichen wird und für sich und andere ein Bewahrer von Besitztümern sein kann. Freude am Schönen, Liebe zum Vertrauten gehören ebenso dazu, wie ein zunehmendes Bedürfnis nach Sicherheit. Dabei wird es auch immer wichtiger, Geduld zu entfalten und Ausdauer zu beweisen. Je nachdem, wo die dem Stier zugeordnete Venus steht, zeigt sie an, auf welchem Gebiet der Genuss und das Anhängen an Besitz erreichbar werden wird.

Sein persönliches Haus der Abgrenzung, sowohl in finanzieller als auch in geistiger Hinsicht, kann mit AC Löwe von Löwe oder Jungfrau angeschnitten werden. Bei Löwe im zweiten Haus, lautet das Motto: Leben und leben lassen. Ein gewisses Imponiergehabe, Großzügigkeit und Freigebigkeit gehören dazu.

Schneidet Jungfrau das zweite Haus an, dann ist man in punkto Bestand schon vorsichtiger. Eher überlegt man, wie man vorsorgen kann und ängstigt sich davor, Fehler im Umgang mit Besitz zu machen. Ziehen Sie mit Löwe-Aszendent eine Tarotkarte zu einer Geldfrage, so kann sich jede Antwort nur auf diese astrologische Basis gründen.

Das Haus für Begegnungen oder die Ehe steht unter dem Zeichen des Wassermanns. Wassermann liebt keine einengenden Verpflichtungen und wird bemüht sein, in Bezug auf Bindungen, seine persönliche Freiheit beibehalten zu können. Sein Partner muss tolerant sein und ihm stets das Gefühl der Unabhängigkeit zu geben im Stande sein. Ziehen Sie eine Tarotkarte zu diesem Thema, so wissen Sie, dass ein Löwegeborener keine Einschränkung von außen ertragen kann.

Aszendent Schütze, dazugehöriger Planet Jupiter

♐

Wer unter dem Zeichen Schütze in das Leben eintritt, ist mit Optimismus, Schwung, Begeisterung, Großzügigkeit und hochentwickelter Sensorik, einer starken Fähigkeit zur Intuition und bewussten Wahrnehmung ausgerüstet. Durch die hohe Erlebnisintensität kommt er zwangsläufig zu philosophischer Erfahrungstiefe, der Sinnsuche, Wahrheitsliebe, das Streben nach Freiheit und Gerechtigkeit und die Fähigkeit im Hier und Jetzt zu leben - obwohl dauernd unterwegs nach neuen Zielen - zugeordnet werden. Geistig ein Schnellschalter, mit vollem Schub arbeitend, besonders wenn andere versagen, und einem moralischen Kodex entsprechend, verkündet er die eigenen Überzeugungen als allgemeine Wahrheit, erteilt er Ratschläge, belehrt, moralisiert und verurteilt er auch. Er kann rechthaberisch und fanatisch sein, wenn er zu wenig Selbstkritik übt, sich von der Realität entfernt und in den „Elfenbeineren Turm" zurückzieht.

Ein Schütze-Geborener hat entweder Jungfrau, Waage oder Skorpion am Medium coeli als Zeichen seiner Berufung und seines Lebenszieles.

Bei Jungfrau am MC bedeutet dies, dass der Mensch praktische Lebensklugheit entwickeln und in diese Welt hineintragen wird. Es wird ihm zudem immer wichtiger werden, sich einzugliedern und ein gesundes Maß an Perfektionismus, Nüchternheit und Zuverlässigkeit zu entwickeln, für viele Menschen mit Schütze Aszendenten aber ein echtes Problem.

Wo sich im Horoskop der Planet Merkur befindet, könnten die erreichten vernünftigen Schlussfolgerungen eingesetzt werden.

Bei dem Zeichen Waage am MC wird das Lebensziel in der Aufnahme vieler Bildeindrücke und ein daraus resultierendes Schließen von Kompromissen liegen. Diplomatie, die Fähigkeit, sich auf Menschen und Umweltsituationen einzustellen, Vermittler zu sein, gehören zu den Lernaufgaben dieses MC-Zeichens. Es wird im Laufe des Lebens immer wichtiger werden, inneren und äußeren Frieden zu finden, sowie Harmonie und Leichtigkeit. Auch die Liebe zu Kunst und Ästhetik ist als weiteres Thema von wachsender Bedeutung.

Bei Skorpion auf der Himmelsmitte trägt der Betroffene bestimmte Vorstellungen neu in diese Welt hinein. Diese können jedoch leicht zur Überspannung und Unnachgiebigkeit führen und in ein Extrem abgleiten.

Wenn man weiß, wo sich der Planet Pluto im Horoskop befindet, kann man bewusst darauf achten, wo die Gefährdung für das Extrem besteht.

Ziehen Sie mit Schütze Aszendent eine Tarotkarte zur Frage einer finanziellen Möglichkeit, so müssen Sie zuerst beachten, dass entweder Steinbock oder Wassermann Ihr Geldhaus anschneidet. Da der Schützegeborene ein Philosoph ist, fragt er zuerst nicht nach dem Besitz selbst, sondern nach der Berechtigung auf den Besitz und diese Berechtigung bestimmt den Grad der daraus entstehenden Emotion. Bei Steinbock im zweiten Haus kann man davon ausgehen, dass er sehr verantwortungsvoll mit Besitztum umgeht und der Horoskopeigner auch mit bescheidenen Mitteln sein Auskommen haben kann, ohne darunter leiden zu müssen. Bei Wassermann als Hauseigner ist man geneigt Ungleichheiten im finanziellen Bereich aufzuheben und spürt gleichzeitig eine stärkere Unabhängigkeit von Besitztümern. Wenn Sie also zu dieser Frage eine Tarotkarte ziehen wollen, beachten Sie zuerst Ihre grundsätzliche Einstellung zu Geldfragen. Wo spürbare Veränderungen zu erwarten sind, zeigt Ihnen das Lebensfeld, in dem sich der dem Tierkreiszeichen zugehörige Planet befindet.

Stellen Sie Fragen zu Partnerschaft und Ehe, müssen Sie wissen, dass bei jedem Schützegeborenen das Zwillingszeichen auf der Du-Seite regiert. Zwilling ist das Zeichen für das Wirken in den Raum hinein, für kommunikativen Austausch und für Verbindungen, in denen wahres Geben und Nehmen möglich ist, auch für Intelligenz, Sprache und manuelles Geschick. Es besagt, dass Sie vor allen Dingen Inspiration und Kommunikation mit geistig wachen Menschen suchen. Gelingt es Ihnen, die intellektuelle Seite Ihres Partners aufzuschließen, ist die ideale Zwillingspiegelung über die Begegnung erreicht. Fragen Sie sich, inwieweit der Partner Ihnen einen regen, geistigen Austausch bieten kann, andernfalls werden stets Wünsche offen bleiben.

Die folgenden drei Aszendentenzeichen werden dem Element Luft zugeordnet. Die Luftzeichen unterscheiden sich von den vorher besprochenen Feuerzeichen insoferne, dass sie bei weitem nicht so unmittelbar auf die Herausforderungen des Lebens reagieren. Zwischen den Ansprüchen des Lebens und der eigenen Vitalität schiebt sich zunächst der theoretisierende Intellekt. Sie kommen mit der geheimen Sehnsucht ein der unmittelbaren Wirklichkeit entrücktes Leben führen zu dürfen auf die Welt.

Aszendent Waage, dazugehöriger Planet Venus

Das Naturell eines Waagegeborenen ist wie der Nachhall eines vergangenen künstlerischen Lebens. Waage-Menschen vermeiden tunlichst das Leben von seiner harten, hässlichen oder schwierigen Seite zu betrachten und stellen ein beschönigendes Gedankengebäude als Gegenregulativ auf. Unbewusst sehen sie das Leben nur als schönes Theaterspiel und sind bemüht, sich der unmittelbaren Reaktion zu entziehen, indem sie sich als gleichmütiger Zuschauer empfinden. Sie wollen diesen Zustand auch um sich herum verbreiten und so - charmant und freundlich - die Ruhe und Gelassenheit auf andere übertragen. Sie ziehen es eigentlich immer vor, zuzuschauen als zu handeln und gewinnen dadurch ein sonderliches Gefühl der Überlegenheit. Oft sind sie außer Stande an dem Gehetze des Alltags draußen teilzunehmen. Man könnte sie deshalb als Lebenskünstler bezeichnen.

Von großer Wichtigkeit sind enge Beziehungen zum anderen. Es scheint, dass sich das ganze Dasein auf eine vorhandene oder nicht vorhandene Partnerschaft konzentriert. Fehlt „die Schulter zum Anlehnen", verlieren sie gern die innere Ausrichtung und erleben Antriebslosigkeit und Mangel an physischer Energie. Aus der Stellung der Venus im Horoskop kann Näheres über das Bedürfnis nach Beziehungen abgeleitet werden.

Das Haus der Berufung steht bei AC-Waage im Zeichen des Krebses oder des Löwen. Krebs ist ein Zeichen der Passivität und der großen Empfindlichkeit. Hier entwickelt er die Taktik des großen Zögerns und versteht es meisterhaft sich zurückzuziehen. Am Mondzeichen können Sie erkennen, wohin er sich zurückzieht. Durch Krebs am MC wird es dem Waage-Menschen im Laufe seines Lebens aber immer wichtiger Herzenswärme zu entwickeln, sich einzufühlen und mitzufühlen, fürsorglich und sensibel zu werden, auch auf die Gefahr hin, verletzt zu werden.

Bei Löwe im zehnten Haus ist man bedacht, eine gewisse Würde in sein Leben zu bringen, Souveränität und Selbstvertrauen zu entwickeln und von anderen dementsprechende Achtung zu erfahren. Er bewegt sich charmant auf dem gesellschaftlichen Parkett und versteht es, durch seine Kompromissfähigkeit andere für sich zu gewinnen. Auch künstlerisches Agieren in der Öffentlichkeit ist möglich. Die exakte Auskunft über das betreffende Lebensgebiet, auf dem Sie Ihre Berufung ablesen können, gibt das Haus des Sonnenstandes. Stellen Sie die Fragen im Tarot unter diesen persönlichen Gegebenheiten.

Das Haus des Besitzes steht für alle Waagegeborenen entweder unter Waage, Skorpion oder Schütze. Besitz ist für den Typus von großer Wichtigkeit. Er verkörpert die Freude am Haben, die Verbundenheit mit den Gegenständen, aber auch dem intelligenten, erfolgreichen Vorgang des Besitzvermehrens. So finden sich unter den Waagegeborenen ganz gewiefte Geschäftsleute, Kunsthändler, Unternehmer, die ahnend wissen, wohin der Trend läuft.

Bei Skorpion im zweiten Haus ist das Aufgeben von Besitz eine schmerzhafte Opferung; denn er kann sich von Dingen nur schwerlich trennen, da er sich selbst damit identifiziert. Ihm wird aber ein enormer Wertinstinkt nachgesagt; er hat ein Gespür für Wertschwankungen, das er als Sammler oder Händler perfekt auszunützen und auch zu zeigen weiß.

Bei Schütze im zweiten Haus kommt die Moral mit ins Spiel, er fühlt sich eher als Verwalter und denkt nicht, dass er alleiniger Besitzer seines Eigentums sei. Außerdem fühlt sich

Schütze im zweiten Haus immer eingeschränkt und gefangen - ist es ja die weite Welt, nach der er sich sehnt, die große Freiheit, Selbstbestimmung und Unabhängigkeit. Ziehen Sie eine Tarotkarte zu materiellem oder geistigem Eigentum, so sollten Sie in diesem Falle schon den Herren Ihres zweiten Hauses kennen, damit Sie die Antwort richtig auslegen.

Das Haus der Partnerschaft steht unter der Regentschaft des Widderzeichens. Hier bringt er sich mit seiner ganzen ihm zur Verfügung stehenden Energie ein, ist aber sehr bedacht, bei aller Liebe seine Selbständigkeit nicht aufzugeben. Da sein Harmoniebedürfnis besonders stark ausgeprägt ist, ermöglicht es ihm seine Lebenskunst wie bei einem Seiltanz, eine einmal eingegangene Beziehung nicht wieder aufzulösen.

Aszendent Wassermann, dazugehörige Planeten Uranus und Saturn

Wassermann ist ein fixes Luftzeichen, das seine Geistigkeit durch Eigendynamik konzentriert zur Entwicklung bringt. Daraus entsteht ein völlig geschlossener Gedankenkreis, mit dem der Wassermanngeborene seine Umwelt erkundet und einordnet. Ein höchst entwickelter Geist bringt es unter diesem Zeichen zur Meisterschaft und wird zum Weisen und Eremiten, weil er auf nichts und niemanden mehr angewiesen ist. Ist dieses hohe Niveau noch nicht erreicht, so lebt er doch in einer eigenen Welt, da er niemals zur Herde sich zugehörig fühlt und heimlich sich als etwas Besonderes empfindet. Daraus ergeben sich auch ein Gefühl der Fremdheit auf dieser Welt, eine Distanzhaltung, auch elitäres Bewusstsein, und der absolute Wunsch, alles unter Kontrolle zu halten. Dabei ist er freundlich, gesprächsoffen und redegewandt, originell, eben kein „Mensch von der Stange".

Besetzt Skorpion das Haus seiner Berufung, bewirkt das, dass ihm erhebliche Achtung von außen zufließen wird, ja er wird sogar im Stande sein, das Gefühl seiner Besonderheit auf andere zu übertragen. Das Skorpionzeichen verlangt aber auch Tiefe und Risikobereitschaft, Leidenschaft und Engagement, was dem Wassermann-AC zunächst einmal zuwider ist. Hier zeigt sich eine besondere Lernaufgabe für ihn.

Regiert Schütze das Haus seiner Berufung, wird er einen starken Glauben und die Fähigkeit zur tiefen Einsicht gewinnen. Es wird ihm immer wichtiger Sinnfragen nachzugehen, Optimismus zu entwickeln und die geistigen und räumlichen Horizonte zu erweitern.

Das Haus der persönlichen Abgrenzung und des Anghängens an geistiges oder materielles Eigentum, das zweite Haus, wird bei Aszendent Wassermann entweder von Fische, Widder oder Stier angeführt. Ist das erstere der Fall, so wird sich das Anhängen auf die geistige Ebene beschränken, es ist ein Gefühl der geistigen Verbundenheit, und das Materielle tritt hier völlig in den Hintergrund. Anders empfindet ein Wassermanngeborener sein Verhältnis zum Besitz, wenn sein zweites Haus von Widder oder Stier angeschnitten wird. Bei Widder kommt das Empfinden hinzu, dass Eigentum etwas sei, das das Schicksal einem schuldet. Man nimmt würdevoll, was man bekommt. Steht Stier im zweiten Haus, nimmt man mit Freude, was man bekommen kann, Besitz hat hier einen sinnlichen Aspekt, ja auch etwas von einer kindlichen Besitzeslust. Ziehen Sie eine Karte zu einer Geldfrage, wäre es wichtig, den Regenten des zweiten Hauses zu kennen, da die Unterschiede für die Realisierung sehr groß sind.

Das Haus der Beziehung und Partnerschaft steht bei allen Wassermanngeborenen unter Löwe.

Nun kommt diesem Individualisten zum ersten Mal die Wärme entgegen. Hier spürt er die Sehnsucht nach Lebensausdruck und feurigem Empfinden, das er sich von der Begegnung erwartet und dankbar mit seiner ganzen inneren Würde annehmen wird.

Aszendent Zwilling, dazugehöriger Planet Merkur

Einen Zwillinggeborenen kennzeichnet vor allen Dingen sein unermüdliches geistiges Suchen und Zweifeln. Er fühlt sich zeitlebens wie in einem Labyrinth von Informationen und empfindet sein Suchen auch oft als ein Irren. Kaum dass ihm eine Erkenntnis aufleuchtet, sucht er schon wieder nach neuen Informationen, da er alles gleich wieder anzweifeln und verwerfen muss. So ist er gezwungenermaßen einer, der unermüdlich mehrere Wege gleichzeitig beschreitet, stets auf der Suche nach etwas, von dem er selbst nicht weiß, was es sein soll. Durch dieses ständige Suchen, Irren und Zweifeln entwickelt er gleichzeitig eine außergewöhnliche Vielschichtigkeit seines Geistes. Er brilliert mit seinem scharfen Intellekt, seinem Lerneifer und gewinnt die Menschen durch seine aufmerksame, oft kumpelhafte und manchmal auch oberflächliche Fähigkeit zu verbaler Kommunikation. Mit seiner geistigen Unrast bleibt er für die anderen aber meist nicht greifbar, nicht festlegbar. Sein hervorragender Blick fürs Detail lässt ihn bisweilen die Gesamtübersicht verlieren, sodass er den Wald vor lauter Bäumen nicht mehr sieht.

Das Haus seines Lebensergebnisses zeigt ihm an, inwieweit er es schaffen kann, dem Leben konkrete, realistische Konturen zu verleihen. Steht Steinbock am Anfang des zehnten Hauses, so wird es ihm gelingen, durch Menschen, die an ihn glauben, eine Maßstäblichkeit zu entwickeln, die auch für andere Geltung bekommen kann. Das Ergebnis der Lernaufgabe ist, immer geradliniger und konsequenter zu werden, einen langen Atem zu beweisen und beharrlich auf langfristige Ziele zu setzen. Keine leichte Forderung für den neugierigen, beweglichen Zwilling. Verfügen Sie über ein Horoskopbild, so sehen Sie nach, wo sich der Planet Saturn befindet und Sie wissen genau, auf welchem Gebiet die Maßstäblichkeit sich realisieren wird.

Schneidet Wassermann das zehnte Haus an, heißt dies, dass die erreichte geistige Erkenntnis sich als Vermittlungsaufgabe zwischen den Menschen kundtun wird. Das geschieht unter demokratischen und humanistischen Prinzipien, bei individueller Freiheit und persönlicher Unabhängigkeit, mit Toleranz und Aufgeklärtheit.

Steht das Zeichen Fische am MC, so bedeutet dies, dass man eine religiöse geistige Einstellung erreichen wird, dass man sich transzendenten Erfahrungen öffnen und spirituelle Wege suchen will. Einfühlungsvermögen, Nächstenliebe und aufopfernde Hilfsbereitschaft gehören ebenfalls zur Lernaufgabe des Fische-MC. Gelingt es dem Zwillingtypus die oftmals schwierige Überbrückung der Spannung zwischen Verstand und Medialität zu erreichen, kann er für viele Menschen ein Vermittler zwischen den Welten werden. Es kann aber auch sein, dass die ins Leben mitgebrachte Unsicherheit sich noch steigert und man sich wie in einem Nebel stehend erfährt. Sehen Sie, wo der Planet Neptun in Ihrem Radix sich befindet, dann kennen Sie genau das Feld der Umsetzung dieses Themas.

Das Haus des Besitzes steht für den Zwillinggeborenen entweder unter Zwilling oder unter Krebs. Da der Zwillingstypus vor allen Dingen Geistesgaben in sein Leben mitbekommen hat, handelt es sich bei ihm auch vorwiegend um geistiges Anhängen, auch hier um ein Ausprobieren, Ordnen, Verwerfen und Neu-zu- nutzen. Er überlegt sich ständig, wie er den Gegenstand, den er besitzt, auch noch anders benutzen oder gebrauchen könnte, die geistige Unrast überträgt sich auf seine Besitztümer.

Anders verhält es sich, wenn Krebs das zweite Haus anschneidet. Zwar bleibt das materielle Anhaften auch im Hintergrund, aber hier eröffnet sich der seelische Zugang und man interessiert sich für Besitztümer, mit welchen die Seele zumindest geistig auf ihre Rechnung kommen kann. Das könnte beispielsweise ein Haus oder eine Wohnung sein, um darin die seelische Verwurzelung im Kreise einer Familie empfinden zu können oder irgendein Wasser, sei es ein Teich oder ein Schwimmbad als Nahrung für die Seele oder ein Gegenstand, mit dem man seelisches Empfinden assoziieren kann.

Das Haus von Ehe und Partnerschaft wird bei allen Zwillinggeborenen von Schütze regiert. Über die Begegnung mit dem Du kommt nun einerseits das religiös inspirierende Moment und läuft Gefahr, eine Begegnung gleich als von oben gesandt anzusehen, und andererseits begegnet sich der irreale Zwilling mit dem realen Schützen, das Widersprüchliche bietet die Chance der Erlösung. Das bedeutet, dass er sehr aufgeschlossen für alles Philosophische, Religiöse sein wird und er solche Begegnungen sich auch suchen wird. Ziehen Sie eine Tarotkarte mit einer Partnerschaftsfrage, legen Sie die Antwort auf einer Basis von Einsicht und Erweiterung aus. Suchen Sie den Planeten Jupiter in Ihrem

Horoskop und Sie werden sehen, wo Sie den befruchtenden Schützequalitäten begegnen können.

Im folgenden werden die drei Wasserzeichen Krebs, Skorpion und Fische in ihrer Aszendentenqualität besprochen. Das Element Wasser, dem diese drei Zeichen zugeordnet werden ist für das Seelen-und Gefühlsleben bestimmend. Man kann sich das seelische Leben auch als das Traumleben vorstellen, denn im Traum kommen die Inhalte der Seele symbolhaft an die Oberfläche. So gestaltet ein Wassermensch sein Leben auch dementsprechend, er lässt nur jene Realität einfließen, die in sein Traumbild passt.

Aszendent Krebs, zugehöriger Planet Mond

(In der Astrologie wird der Mond als Planet angesehen)

♋

Der unter dem Aszendentenzeichen Krebs geborene Mensch ist unter dem schutzlosesten aller Wasserzeichen ins Leben getreten. Er fürchtet sich geradezu vor seiner eigenen Verletzlichkeit und sein Hang „zwei Schritte vor- und einen zurückzugehen" ist sprichwörtlich. Andererseits sind seine Sensitivität und Anteilnahme genauso sehr auf sich selbst, wie auf andere gerichtet. Sein Bedürfnis nach Gefühlserlebnissen lässt ihn Menschen um sich versammeln, er lädt sie ein in sein „Nest" zu kommen, wo sie es zusammen mit ihm gemütlich und gut haben sollen. Es ist etwas Mütterliches, Künstlerisches, aber auch Manipulatives und besonders in Gefühlsdingen sehr Beharrliches in diesem AC-Zeichen. Ein anderes Charakteristikum des

Krebsgeborenen ist eine gewisse Abhängigkeit davon, was wohl die Umwelt zu seinem Verhalten sagen wird. Durch alle zwölf Häuser hindurch spürt er dieses vermeintliche Beobachtet- und Beurteiltwerden. Es ist die Angst vor Kritik, die ihn nicht loslässt und ihn oft den Rückzug als Ausweg wählen lassen, um nicht Gefahr zu laufen, Ablehnung zu erfahren.

Die Berufung eines solchen Menschen kann nur im Aufbau eines Sicherungssystems liegen, das im zehnten Haus erkennbar wird. Hier ergeben sich drei verschiedene Möglichkeiten der Sicherung. Die erste ist die der Widdernatur. Da der Krebstypus grundsätzlich zurückweichen wird, geschieht es mit Widder am MC in einer zornigen Art und Weise. Er zeigt Ungeduld und Spontaneität im nicht offenen Kampf und weicht mit einer gewissen Trotzhaltung vorzeitig zurück. Seine nicht leichte Lernaufgabe ist es, der Welt konfliktbereit und mutig zu begegnen, sich den Herausforderungen und Konfrontationen beherzt und offen zu stellen.

Bei Wassermann in der Himmelsmitte entsteht die Neigung, eine neutrale Haltung einzunehmen und aus seiner Krebsschale heraus eine Verteidigungsfestung zu erbauen, die allen Angriffen zu trotzen im Stande ist. Dabei aber ist es Lernaufgabe dieses MC-Zeichens, sich für Neuerungen und Reformen zu öffnen, auch über die eigene Sippe hinauszudenken, wassermännisch unabhängig und frei zu werden. Auch nicht leicht!

Bei Fische am MC gestaltet sich das Lebensergebnis derart, dass durch das Entwickeln einer gewissen Dehn-und Biegsamkeit eine Verschleierung der Eigenart entsteht. Die Lernaufgabe dieses MC-Zeichens aber: spirituelle Wege suchen, auch wenn dies den Rückzug aus der Öffentlichkeit und aus gesellschaftlicher Anerkennung bedeutet, tätige Nächstenliebe und humanitäre Hingabe - dürfte dem Krebsgeborenen nicht allzu schwerfallen; sind ihm ja Seelentiefe und Fürsorglichkeit geradezu angeboren. Je nachdem in welchem Haus der Planet Neptun steht, wird er am erfolgreichsten sein.

Das Haus des Besitztums steht für den nördlichen Teil der Erdkugel unter Krebs oder unter Löwe.

Schneidet Krebs das Haus des Besitzes an, kommt es sehr darauf an, welch emotionaler Wert dem Besitz, sei er geistiger, materieller oder auch seelischer Natur, beigemessen wird. Auch Menschen, die Familie können Besitzgegenstände sein, die von Gefühlen geradezu überschwemmt werden. Und es sind auch die Gefühle, die oftmals zu wenig Realsinn zulassen und zu verlustreichen und schmerzhaften Einbußen führen. Das klare Denken lernen, ist hier die Herausforderung.

Schneidet Löwe das Haus des Bestandes an, so geht man mit Besitz schon großzügiger um, gibt sich jovial, unternehmungsfreudig und risikobereit. Das kann sich der Löwe leisten; denn seine Sicherheitstaktik hat längst vorgesorgt. Grundsätzlich aber geht es um Mein und Dein, um einen großen königlichen Besitzstand, den es zu mehren und vor Übergriffen durch andere zu schützen gilt.

Wenn Sie zu Geldangelegenheiten eine Tarotkarte ziehen wollen, behalten Sie stets die Wesenseigenart des Zeichens im zweiten Haus im Auge.

Das Haus der Partnerschaft und Ehe steht bei allen Krebsgeborenen immer im Zeichen des Steinbocks. Das siebte Haus ist das erste Haus, das über dem Horizont des Horoskops liegt und hier spürt der Betreffende die Sehnsucht, zu einem selbstbewussten, angstfreien Leben zu gelangen. Er sucht Schutz bei denjenigen, die Sicherheit und Souveränität ausstrahlen. Dieses Haus ist für alle Krebstypen von höchster Wichtigkeit, denn hier erhofft sich dieser ängstliche Mensch eine Dauerverbindung mit jemandem, der Festigkeit und Stabilität zu bieten hat. Daher wird er auch eine solche Verbindung, wenn sie einmal gefunden wurde oder er glaubt sie gefunden zu haben, nicht so leicht wieder aufgeben. Wenn Sie zu dieser Frage eine Tarotkarte ziehen, schließen Sie diese Aussagen mit in Ihre Frage ein.

Aszendent Skorpion, dazugehörige Planeten Mars und Pluto

♏

Im Zeichen des Skorpions finden sich alle seelischen Kräfte vereint, die den Eindruck erwecken lassen, man hätte es mit einem dynamischen, aktiven Feuermenschen zu tun. Dem ist aber nicht so, sondern er verströmt Seelenkräfte, die er zuvor aus seiner Umgebung einsammelt, verbindet sich mit ihnen und wirkt so in seinen Umkreis hinein, was ihm oft den Ruf eines Hexers einbringt. Die organische Körperentsprechung ist analog das Geschlechtsorgan. Die eingesammelten Seelenkräfte seiner Umgebung und seine Verbindung mit ihnen vermag ein anderer Mensch nur über eine Sexualverbindung zu erreichen. Aus diesen Verbindungen entstehen wieder neue Kräfte und sie begründen den Machtanspruch des Skorpiongeborenen. Alle schöpferische Produktivität des Skorpionmenschen beruht auf dem Einsammeln der Seelenkräfte seiner Umgebung, die gleichsam wieder auf diese aus ihm heraus zurückwirken. Aus dieser Assimilation erfährt er eine enorme Stärkung seines Selbstbewusstseins. Man könnte sagen, er gebraucht die Kräfte der anderen als Werkzeug. Gleichzeitig ist er auf die Reflexe seiner Umgebung als Spiegelung und Bestätigung seines Wesens angewiesen. Es kommt für ihn immer wieder darauf an, sich selbst im Seelenreflex der anderen zu erleben. Um diese Notwendigkeit für sich zu erhalten, ist er auf ständige Eigenwerbung angewiesen.

Und dabei spielen Macht, auch Eifersucht und scharfe Kritik eine bedeutende Rolle. Wie ein Vulkan staut der Skorpion-AC seine Gefühle als inneren Druck an, bis er sich durch eine Explosion Erleichterung verschafft und eine Erneuerung erlebt. Ob freiwillig oder unfreiwillig werden alte Formen und Strukturen zerstört, muss losgelassen werden, damit etwas Neues entstehen kann. Dieses „Stirb-und Werde"-Thema begleitet ihn durchs ganze Leben. Die Herrschaft des Mars macht ihn zum Kämpfer, jederzeit risikobereit, besonders dort, wo andere bereits aufgeben. Dabei ist ihm sein Status in der Gesellschaft sehr wichtig, er ist vertragstreu, vertrauenswürdig und absolut zuverlässig. Wer unter dem AC-Zeichen Skorpion geboren wurde, kann mit Sicherheit annehmen, durch mindestens eine entscheidende Veränderung in seinem Leben gehen zu müssen, außerhalb des üblichen Maßes, das jeder Mensch in seinen 40er Jahren durchzustehen hat.

Schneidet Jungfrau das Haus der Berufung an, wird man erreichen, dass man sich selbst kritisch gegenüberzustehen vermag, weil man sich nicht so leicht der Kritik der anderen aussetzen will. Das hat zur Folge, dass man sich eine gewisse Genügsamkeit und Vernunft aneignet und ein gesundes Selbstvertrauen die Frucht der Arbeit sein wird. Das Jungfrauzeichen verlangt aber auch Eingliederung und Anpassung, was im Widerspruch zum angeborenen Machtstreben des Skorpions steht und sicher eine Herausforderung darstellt. Sehen Sie im Horoskop, wo Sie den Planeten Merkur stehen haben, dann wissen Sie, auf welchem Gebiet es Ihnen besonders gut gelingt, die Dinge ausreifen zu lassen.

Beherrscht Löwe das zehnte Haus, dann werden Sie zu einem starken Lebensausdruck, zu Souveränität und Selbstvertrauen finden, was aber nicht in ein bedenkenloses Vertrauen gegenüber den anderen führen soll. Sie werden sich einen Lebensoptimismus bewahren, der Sie in Versuchung geraten lässt, damit die persönliche Eitelkeit zu befriedigen. Großzügigkeit, Luxus und Lebensfreude gehören hier ebenso zu den Zielen, wie die Fähigkeit das Leben spielerisch zu gestalten. Darin aber liegt für den Skorpion eine nicht unerhebliche Schwierigkeit, verhält er sich doch lieber als „graue Eminenz" im Hintergrund und eher als Pessimist. Suchen Sie die Sonne in Ihrem Horoskop, dann kennen Sie den Platz, wo Sie Erfolge feiern dürfen.

Das zweite Haus steht für die Skorpiontypen unter dem Zeichen Skorpion, Schütze oder Steinbock.

Bei Skorpion ist nicht der materielle Wert entscheidend, sondern die Begehrlichkeit des Besitzens und die Huldigung durch die anderen, wieder um das Seelische damit befriedigen zu können. Das was ich besitze, erfährt durch mich eine Erhöhung.

Beim Zeichen Schütze wird man bestrebt sein, die seelischen und geistigen Erfahrungen über bestimmte Besitztümer zu erweitern und bei Steinbock im zweiten Haus kehrt sich das Vorhergesagte ins Gegenteil. Man könnte es eine freiwillige Bescheidenheit und Verzichtshaltung nennen, um ja nicht den Neid der anderen zu erwecken. Sehen Sie sich Ihr zweites Haus an und stellen Sie die Fragen dazu auf dieser Aussagebasis.

Haben Sie Fragen zu Partnerschaft und Liebe, müssen Sie sich das siebte Haus ansehen. Dieses steht für alle Skorpiongeborenen unter dem Zeichen Stier. Es kommt die erste Begegnung mit einem Erdzeichen, verbunden mit dem Wunsch, mit beiden Beinen auf den Boden der Realität zu fallen, zu erwachen aus einem illusionären Traum. Darum verbindet er sich am besten mit Menschen, die wenig Sinn für ein Traumleben haben und ihm die Welt der Wirklichkeit vermitteln. Da der Partner als Spiegel dient, kann er den Spiegel finden, der nicht lügt. Hier sucht er das Bodenständige, das Naturhafte. Stellen Sie die Fragen im Tarot unter dem Aspekt der Spiegelung.

Aszendent Fische, dazugehörige Planeten Jupiter und Neptun

Fische ist neben Widder auf der nördlichen Halbkugel das kürzeste aller Aszendentenzeichen; es entwickelt sich in den mittleren Breitengraden in ungefähr 40 Minuten. Daraus resultiert, dass nur wenige Menschen unter diesem Zeichen geboren werden. Für Fischegeborene stellen die seelischen Inhalte die höchste Wirklichkeit dar. Unter ihnen findet sich häufig die Qualität des Medialen, da sie, wie andere nur im Traumleben, Zugang zum Unbewussten haben. Da er durch dieses Schlafwandlerische ohne äußeren Halt dasteht, ist es für ihn ganz besonders wichtig über den Sonnenstand eine gewisse Orientierung zu finden. Bei ihm ist nicht das Draußen von Wichtigkeit, sondern allein sein innerer Spiegel gibt ihm die Antworten auf die Lebensfragen. Das verleiht ihm auch eine eigene Sicherheit, da er sich nur nach innen wenden muss und nicht auf die Reflexionen der anderen Menschen angewiesen ist.

Durch das Bild des Schlafwandlers, der ja auch alle Hindernisse, seien es Dächer, Balkongitter o.ä problemlos überwindet, verfügt auch der Fischetypus über ein intensives religiöses Vertrauen, das ihn befähigt, schwierige Lebenssituationen gar nicht als solche zu sehen. Scheinbar kleine Ereignisse versetzen ihn eher in Aufregung.

In der Realität werden mit dem Fischezeichen am AC drei Daseinsformen assoziiert: das Opfer, der Künstler, der Retter und Heiler. Das Opfer wird mit den Schwierigkeiten des Lebens nicht fertig und sucht nach einem Fluchtweg oder einer Krücke, oft in Form von Drogen und hofft, dass andere die Entscheidungen treffen. Der Künstler ist hochinspiriert von dem, was ihm aus dem Reich der Phantasie zufließt und bringt es zum Ausdruck. Der Heiler und Retter widmet sein Leben dem Dienst am Mitmenschen, was bis zur Selbstaufgabe und rücksichtslosem Ausgenütztwerden gehen kann.

Das Zeichen Schütze steht als Zeichen der Kraft und des religiösen Ereiferers im Haus seiner Berufung. Er wird als Lebensergebnis die Bereicherung und Erweiterung durch diese Attribute in Gebieten der Kunst, der Wissenschaft oder der Religion erreichen. Wenn Sie wissen, wo Jupiter sich im Horoskop aufhält, dann erkennen Sie, in welchem Haus sich Ihre Berufung durchsetzen kann.

Das Haus des Besitzes wird entweder von Widder oder von Stier angeschnitten. Niemals wird ein Fischegeborener habsüchtig sein. Er benutzt Besitz nur, um ein reicheres Traumleben führen zu können. Die rechtliche Zuordnung des Eigentums hat für ihn wenig Bedeutung und Eigentumsgrenzen verwischen sich.

Mit Widder kommt eine gewisse Schubkraft in dieses Haus, eine Expansionslust, die vergrößern oder ausdehnen will, egal auf welchem Gebiet. Es kommt Unzufriedenheit auf mit dem, was besteht und das begründet den Hang zum Sammlertum.

Befindet sich Stier im zweiten Haus, werden Realsinn und Verwurzelung verlangt und der Sammlertrieb verstärkt sich. Er richtet sich weniger auf materielle Werte, als vielmehr auf Erkenntnisse, Wissen, geistiges Gut. Und mit der Verwirklichungsfähigkeit des Stieres entsteht daraus verwertbare, tragfähige Substanz, die auch einem Menschen mit Fische-Aszendent Sicherheit gibt.

Das Haus der Begegnung steht unter dem Zeichen Jungfrau. Wie wir bereits wissen, beginnt im siebten Haus das Erwachen aus dem Unbewussten. Die größte Hilfe beim Erwachen wartet in der Auseinandersetzung mit dem Partner auf uns. Dieser Kampf ist schwer und er beginnt mit dem Heraufholen der egoistischen Anteile aus der Seelentiefe. Der Fischetypus erwartet von seinem Partner, dass er ihm die hässlichen, äußeren Notwendigkeiten des Lebens abnimmt, da sie für ihn eine Belastung darstellen und er ein Mitanpacken nur zögerlich akzeptieren wird. Anhaltende Schwierigkeiten wird er nur unter dem Aspekt der Opferung auf sich nehmen können. Wenn Sie zum Thema Partnerschaft eine Tarotkarte ziehen, überlegen Sie, dass Ihnen im erdverbundenen Jungfrauhaus ein realistisch gesinntes Gegenüber sehr dienlich sein kann.

In diesem Teil der Aszendentenbesprechung kommen die drei letzten Zeichen - die Erdzeichen an die Reihe. Ihnen können wir die Qualität des Tuns zusprechen, während bei den Feuerzeichen das Wollen, bei den Luftzeichen das Denken und bei den Wasserzeichen das Fühlen im Vordergrund stand. Sie besitzen die stärkste Beziehung zur Wirklichkeit und zur Verwirklichung. Sie tragen in die äußere Welt all das hinaus, was sie an Impulsen in sich fühlen.

Aszendent Steinbock, zugehörige Planeten Saturn und Jupiter

♑

Gegenüber dem Sonnenzeichen Steinbock, das sich sein Ziel selber setzt, ist der Steinbockaszendent darauf angewiesen, seine Ziele von außen zu erhalten. Er ist ein Arbeiter, wohl mit der Möglichkeit des Rangersten, der die volle Verantwortung, die ihm für seinen Wirkungskreis übertragen wurde, übernimmt. Er hat auf diese Verantwortung einen inneren Eid geschworen und trägt unter dieser Gewissenslast sein Leben lang. Er ist ein Mensch, dem jede Inkonsequenz, jedes Fehlverhalten ein Dorn im Auge ist und er wacht sehr bewusst darüber, dass ihm keine Unterlassungen und Pflichtverletzungen passieren. Seine Vergangenheit ist stets präsent und einmal gemachte Fehler kann er sich nicht so leicht verzeihen. Diese Selbstverantwortung kann bis zur Selbstverneinung gehen. Sie gehört zu seinem Image, immer das Gesicht wahren zu müssen, immer gut vor den anderen dazustehen. Dabei will er nicht im Rampenlicht sein, lieber wirkt er als „graue Eminenz" aus dem Hintergrund.

Das Haus der Berufung steht bei ihm entweder unter dem Zeichen Waage oder unter Skorpion.

Unter Waage bedeutet dies, dass einerseits eine gute Lebenselastizität erreicht werden soll, in der innerer und äußerer Frieden, sowie Harmonie und Leichtigkeit wichtig sind. Er wird reiche Erfahrungen durch verschiedenste Begegnungen sammeln und lernen, auf gleicher Stufe mit den anderen zu leben, ohne darüberstehen zu müssen oder abhängig zu sein. Für den Steinbock-AC keine leichte Lernaufgabe; denn oftmals fühlt er sich schwer und zu steif für die Leichtfüßigkeit der Waagewelt.

Bei Skorpion am MC sieht es etwas anders aus, hier ist keine so starke Kompromissbereitschaft gegeben und das Ergebnis ist sehr von eigenen Vorstellungen geprägt. Niemals jedoch wird man hier Standeswürde und Standesbewusstsein vermissen. Stets soll es allen deutlich werden, dass man in einer Berufung steht. Zu lernen sind der Umgang mit Macht, mit dem „Stirb-und Werde"-Thema, das die ständige Wandlung und Erneuerung beinhaltet. Im Umfeld der Macht wird sich erweisen, ob er sie verantwortungsvoll ausübt, despotisch missbraucht oder gar ihr Opfer wird.

Das Haus des Besitzes steht für den Steinbockgeborenen entweder unter Wassermann oder unter Fische. Immer verbindet der Typus den Besitz mit der Geschichte, wie er diesen erworben hat und demzufolge nimmt der Besitz seinen jeweiligen Stellenwert ein. Erhält er Geschenke, werden auch diese nach dem Grad der Verbundenheit zu dem Schenker bemessen. Es geht ihm nicht so sehr um den materiellen Wert, sondern um die Assoziation mit der Arbeit, die damit im Zusammenhang steht. Das zweite Haus aber ist nun mal das Haus des Substanzsammelns, und Überlebensdenken und Existierenmüssen bewegen auch einen Wassermann, seine Höhenflüge zu vernachlässigen und sich mit seiner ganzen Intelligenz, seinem Stilgefühl und Qualitätsbewusstsein dem realen Leben zu widmen und seine Geschäfte gut zu machen. Dasselbe gilt auch für Steinbock.

Bei Fische im zweiten Haus werden die Besitzgrenzen eher aufgelöst, materieller Bestand hat keine große Wertigkeit.

Wenn er etwas verschenkt, möchte er damit nur in seiner Würde bestätigt werden. Er will wissen, wo der Beschenkte das Bild aufgehängt hat, das er von ihm erhielt. Seine Einstellung zu den Werten des zweiten Hauses hängt hauptsächlich von seiner Erziehung ab. Da gibt es Fische, die materialistischer als alle anderen Zeichen sind und solche, die in unendlichem Vertrauen alles der Natur, den Mitmenschen oder dem lieben Gott überlassen und auf Materielles keinen großen Wert legen.

Das Haus von Partnerschaft und Beziehung steht unter dem Zeichen Krebs. Es ist für den Steinbockgeborenen kaum vorstellbar, dass er eine einmal eingegangene vertragliche Verpflichtung, wie dies in einer Ehe geschieht, wieder aufgelöst werden sollte. Ein Vertrag ist für ihn wie ein unzerreißbares Band. Er fragt sich nicht, ob er die Verbindung vertragen kann, sondern ist bereit alle Opfer auf sich zu nehmen. Erwarten würde er einen ausgesprochenen Gefühlsmenschen, der für ihn die Härte des realistischen Lebens abmildert und die Reiche der Gefühle für ihn aufschließt.

Aszendent Stier, dazugehöriger Planet Venus

Mehr als bei allen anderen Zeichen kommt dem Stiertypus die Eigenschaft der besonderen Festigkeit und Konsistenz zu, die ihn als ein in sich geschlossenes Wesen erscheinen lässt. Diese Festigkeit beschränkt sich auf das äußerliche Wesen und überträgt sich nicht auf das Innere. Das ist wie wenn einer auf einem Vulkan geboren wäre und er sich vor dem Ausbruch fürchtet, bei dem die Schale der äußeren Sicherheit zerbrechen und die innere Unsicherheit zutage treten könnte. Er tritt in sein Leben ein als ein Besitzender, auch wenn es sich zu diesem Zeitpunkt noch nicht um materielle Güter handelt. Er bezieht den Besitz auf seine Familie und kennt von früh an das Gefühl des Besitzerstolzes. Ist der Geborene einmal gezwungen den Ort seiner Tradition zu verlassen, gerät er in die Krise und erfährt ein starkes Gefühl der Unsicherheit. Zur Aufrechterhaltung der äußeren Konsistenz dieses Erdzeichens gehört daher auch der materielle Besitz, den er nach Möglichkeit in einem passiven Verharren und Verteidigen erhalten möchte, was ihm Eigenschaften von Trägheit, Trotz oder Verschlossenheit einbringen kann. Durch das Ausharren in der Gewohnheit zählt man ihn wohl zu den treuesten Menschen, sofern im Horoskop keine anderweitige Störung dieser Anlage zu finden ist. Zeitlebens befindet er sich auf der Suche nach Autoritäten, die ihm dauerhafte Sicherheit bieten.

Im Haus seiner Berufung steht entweder das Zeichen Steinbock oder Wassermann, beides Saturnzeichen, aus denen abzulesen ist, dass er es schaffen kann, eine eigenständige, unabhängige Persönlichkeit zu entwickeln, Pflichtbewusstsein und Verantwortungsbereitschaft zu zeigen. Wassermann mit seinem liberalen Gemeinschaftsgeist, seinen demokratischen und humanistischen Prinzipien, seiner Tendenz zu Neuerungen und Reformen ist für den Stier allerdings eine besondere Herausforderung.

Das Haus des Besitzes steht in jedem Fall unter Zwillinge. Was der Stiertypus besitzen will, hängt vorwiegend von seinem Gebrauchswert ab. Weil er vor allen Dingen auch ein Bewahrer ist, erkennt ein Stiergeborener oft früher als andere den Wert einer Sache und kann daraus Kapital schlagen. Was das Zwillingzeichen hier anzeigt ist auch, dass er gerne seinen Besitz von anderen bewundern lassen möchte. Prinzipiell aber kommt zum Substanzsammeln des zweiten Hauses durch die geistige und kommunikative Beweglichkeit des Zwillings eine gewisse Flüssigkeit, die weniger der hier geforderten Sicherheit dient, als vielmehr Beziehungen schafft, die den Besitz auf diese Weise mehren sollen.

Ziehen Sie eine Tarotkarte zu einer Finanzfrage, können Sie Ihr Talent, einen siebten Sinn für Investitionen zu haben, miteinfließen lassen. Sehen Sie in Ihrem Horoskop nach, wo der Planet Venus sich befindet, dann haben Sie die Antwort, wie Sie am ehesten zu Besitz kommen können. Selbstverständlich gibt es auch andere astrologische Einschränkungen, wenn beispielsweise Saturn in Ihrem zweiten Haus sich befindet.

Das Partnerschaftshaus steht für alle Stiergeborenen unter Skorpion. Skorpion hat immer mit sich selbst Mühe, misstraut seinen eigenen Gefühlen und projiziert das gerne auf den Partner. Er muss erkennen, welche Möglichkeiten zu Rücksichtslosigkeit, Lug und Trug, Eifersucht, Neid und Besitzgier in ihm selbst liegen, und es hängt ganz von der ethischen Einstellung ab, ob der Horoskopeigner seine Polarität mit sich selbst ausficht oder ob er diese nach außen trägt und den Partner mit hineinzieht. Er wird sich immer wieder zu Partnern mit einer starken Mars- bzw. Plutobetonung hingezogen fühlen, die sich auf diesen Kampf am ehesten einlassen und der Schwere und Trägheit des Stier-Aszendenten den Schub zu Veränderung und Wandlung geben.

Aszendent Jungfrau, zugehöriger Planet Merkur

♍

Der Jungfraugeborene kommt als einer auf die Welt, der vermeintlich alles, was aus der Umwelt auf ihn zukommt, verdauen muss, um daraus seine Berechtigung für sein Leben und die dafür notwendige Kraft zu erhalten. Nicht umsonst werden der Jungfrau in der körperlichen Entsprechung die Verdauungsorgane zugeordnet. Sie verfügt über einen hohen Grad an Vitalität und Verbundenheit mit allem, was von der äußeren Welt auf sie zukommt. Sie empfindet die Natur sehr stark über ihre Organe, daraus resultiert aber gleichzeitig eine hohe Empfindlichkeit und Sensibilität. Diese Empfindlichkeit allem Neuen gegenüber erweckt aber auch die Angst in ihr, dass die neuen Eindrücke nicht verarbeitet und geordnet werden könnten. So entwickelt sie ein großes Gespür dafür, ob etwas schädlich oder aber ungefährlich für sie sein könnte. Alle Eindrücke, die aus der Umwelt auf sie einströmen, müssen gesichtet, geordnet und einsortiert werden, seien sie körperlicher, seelischer oder geistiger Natur. Die Dinge um sie herum, sowie sie selbst, müssen stets rein gehalten werden, weshalb diese Menschen einen ausgeprägten Sinn für Schönheit und Ästhetik entwickeln.

Der Ordnungsauftrag, der in ihr lebt, entstammt ihrem ureigensten Wesen, das aus den jenseitigen Gefilden mit herüber genommen wurde und so lebt diese kosmische Ordnungsidee in dem Jungfraugeborenen weiter.

Wird das Haus der Berufung von Stier angeschnitten, dem Zeichen der Selbstabgrenzung, wird der Betreffende sehr genau unterscheiden zwischen dem, was er an Angeboten aus seiner Umgebung hereinlässt und was nicht. Stier,

Zeichen der Festigkeit und des Verharrens, hält auch die Chance offen, im Alter ein genüssliches Leben führen zu dürfen. Auch Sinnlichkeit, Freude am Schönen, Liebe zum Vertrauten und ein zunehmendes Bedürfnis nach Sicherheit gehören zu den Lernzielen einer Stier-Himmelsmitte. Für AC-Jungfrau, die sich nur zögernd der barocken Fülle stierhafter Lebensfreude zuwenden kann, eine große Herausforderung.

Bei Zwilling am MC kann man davon ausgehen, dass durch den gemeinsamen Herrscher Merkur der geistige Austausch, die intellektuelle Neugier und die Anpassungsfähigkeit an die Umwelt einen hohen Grad erreichen wird.

Das Haus des Besitzes steht für die nördlichen Breitengrade unserer Erde unter Jungfrau oder unter Waage. Der Jungfrautypus hat ein ganz persönliches Verhältnis zu seinen Besitzungen. In jedem Gegenstand steckt die Identifizierung mit sich selbst und er würde sehr darunter leiden, wenn jemand einem Geschenk von ihm nicht einen ehrenvollen Platz einräumen würde. Das Jungfrauzeichen gehört zur Existenzachse und so besteht eine enorme Sensitivität für Belange der Sicherheit des Besitzes und des Lebens. Hier kulminieren die Sicherheitsängste des zweiten Hauses mit den Existenzängsten der Jungfrau.

Waage im zweiten Haus ist im materiellen Sinn eine recht glückliche Konstellation. Sie wird mit der Wirkung eines Korkens im Wasser verglichen: Er schwimmt immer oben und geht nie unter.

Das Haus der Ehe und Partnerschaft steht bei jedem Jungfraugeborenen unter Fische. Sicherlich ist es für diese Menschen bedeutend schwieriger eine Dauerverbindung einzugehen, da Fische das Zeichen für verschwommene Situationen und Auflösung darstellt. Manch einer hilft sich, indem die beiden Partner verschiedene Wohnorte haben, andere heiraten erst in sehr hohem Alter. Trotzdem werden solche Erkenntnisse oft erst viel später gewonnen, wenn die Ehe schon geschlossen wurde, dann wird die Jungfrau bemüht sein, den Schein nach außen aufrechtzuerhalten, solange das Ordnungsprinzip von beiden Seiten eingehalten wird. Wenn Sie eine Tarotkarte zu diesem Thema legen wollen, beachten Sie, dass es für Sie schwierig sein wird, eine echte Beziehung „zu ertragen".

Die astrologischen Häuser

Wenn Sie über ein Horoskopbild verfügen, so können Ihnen die Häuser Auskunft darüber geben, in welchem Bereich des Lebens die jeweiligen Zeichen und die dazugehörigen Planeten wirksam werden. Ein Horoskop besteht aus zwölf Häusern, zwölf Stationen, die den Ablauf und die Entwicklung des Lebens symbolisieren. Diese zwölf Häuser werden in vier Quadranten zusammengefasst und unterteilt. In dem Haus, in dem Ihre Sonne steht, da ist Ihr Wirkungsbereich. Da können und sollen Sie Ihre Energie investieren. Die zwölf Wirkungsbereiche werden hier detailliert beschrieben, wobei diese Beschreibungen mundane, allgemeine Geltung haben, d.h. Sie persönlich können diese Zeichen an ganz anderer Stelle im Horoskop haben. Aber die Bedeutungsaussage über die Zeichen bleibt bestehen. Wenn beispielsweise Ihr erstes Haus mit dem Löwezeichen, das gleichzeitig Ihr Aszendent wäre, beginnen würde (immer gegen den Uhrzeigersinn), dann müssten Sie die Beschreibung des ersten Hauses mit der Qualität des Löwen verbinden.

Dann sehen Sie nach, ob sich im ersten Haus noch Planeten befinden und ordnen die Planetenaussagen in die Hausaussage ein. Wenn Ihnen das gelingt, dann wissen Sie schon sehr viel über Ihre Wesensstruktur und Ihre Lebensaufgabe.

Erstes Haus

Das erste Haus beginnt mit dem Aszendenten, dem Ich-Punkt, und könnte überschrieben werden mit dem Motto: Ich bin! Es beinhaltet meine Bauart, mein Image und es legt die Basis für die Entwicklung eines eigenständigen Ichs, körperlich und in jeder Hinsicht. Das erste Haus ist der Ort, an dem ich mich selber ausdrücke, mich darstelle, wo ich zeige, wie ich meine Welt ordne, wie ich mich kleide, mich bewege, wie ich wohne. Hier will ich gesehen und angenommen werden, wie ich bin. So trete ich der Welt und dem Du gegenüber, offen und ehrlich, auch mit ungestümer Sturm-und Drangqualität, wenn es sein muss. Es wird hier über das Ich nicht nachgedacht und philosophiert, sondern etwas getan. Und alle Planeten in diesem Haus müssen dieser Aufgabe dienen, der Vorstellung und Darstellung des Ichs auf der Bühne des Lebens.

Das Zeichen, das an der Spitze des ersten Hauses steht, modifiziert die Art und Weise dieses Auftritts. Bilden zwei Zeichen das erste Haus, so ist das Zeichen entscheidend, das an der Spitze des Hauses, also am AC , liegt. (Das gilt nun für alle folgenden Häuser.)

Das erste Haus entspricht dem ersten Zeichen des Tierkreises, also dem Widder und wird von Mars regiert.

Zweites Haus

Das zweite Haus steht unter dem Motto: Ich habe! Es geht hier um die Grundausstattung, die der Mensch für seine Entfaltung, für seine Selbsterhaltung und seine Sicherheit braucht. Angefangen bei dem Grundbedürfnis nach Nahrung, nach den Dingen des täglichen Gebrauchs, über materiellen Besitz und Vermögen bis hin zu geistigen Werten in Form von Talenten, Fähigkeiten, Wissen und auch zu Menschen, die als Eigentum angesehen werden, reicht der Auftrag des zweiten Hauses. Hier wird gesammelt, gespeichert, Substanz aufgebaut, auch geizig festgehalten und mit allen Mitteln verteidigt und gesichert. Selbstwert und Selbstverteidigung sind hier Schlüsselwörter und alle Planeten in diesem Haus, auch wenn es geistige Planeten sind, müssen der Erfüllung dieser primären Bedürfnisse des Menschen dienen.

Das zweite Haus entspricht dem zweiten Zeichen des Tierkreises, also dem Stier und wird von Venus regiert.

Drittes Haus

Das dritte Haus ist das Haus des Lernens und des Lehrens. Es sagt: Ich will nicht nur da sein und haben, ich will auch lernen, brauche Kommunikation und Kontakte. Sein Motto heißt: Ich denke!

Das Denken des dritten Hauses ist stark durch die Kinderstube, die eigene Familie, die Schule, durch kollektive Maßstäbe und Verhaltensweisen (was „man" sagt oder tut) geprägt. Gelernt wird an einer Fülle von Informationen, durch Neugier, durch Austausch und Handel, durch kleine Reisen und durch das nachbarliche und brüderliche

Zusammenleben mit den Menschen meiner Umgebung, vergleichsweise dem Leben „auf der Bühne". Planeten und Zeichen dieses Hauses dienen diesem Auftrag.

Dem dritten Haus entspricht das dritte Zeichen des Tierkreises, also der Zwilling mit seinem Herrscher Merkur.

Viertes Haus

Das vierte Haus - am tiefsten Punkt des Horoskops gelegen - hat nicht mehr mit den primären Bedürfnissen des Menschen zu tun, wie das in den ersten drei Häusern der Fall war, sondern wendet sich nun seiner Seele zu. Das vierte Haus ist das Haus der Familie, der Zugehörigkeit zum eigenen Kollektiv, zu seiner Tradition, seiner Herkunft, seinen Wurzeln. Diese Wurzeln gehen aber noch tiefer ins Unbewusste, in alle überlieferten symbolischen Geschichten und Mythen, in den archetypischen Raum zum Ur-Weiblichen, zur Ur-Mutter. Hier ist mein Nest, mit dem sich die Grundmuster für Urvertrauen, Geborgenheit und Angenommensein, für Wärme, Schutz und Heimat, für Privatsphäre und Intimität verbinden. Das vierte Haus ist das Haus, wo es um Empfindungen und Gefühle geht, wo man Kind und Mutter sein darf.

Es ist das Krebs-Haus mit dem Mond als Regenten.

Fünftes Haus

Das fünfte Haus führt hinaus in die Welt, so nach dem Motto:„Hänschen klein geht allein in die weite Welt hinein". Es ist das Haus des Experimentierens, wo ich mich mit vielen Menschen einlasse, „mein Spiel" mache und zwar nach meinen Regeln. Ich probiere aus, ich riskiere, ich imponiere und ich will nie mein Gesicht verlieren. Es ist der Ort, wo ich mein Herz (Symbol für die Sonne, Herrscherin des fünften Hauses) in beide Hände nehme und meine Erfahrungen mit mir selbst und der Welt mache. Kreativität, Lebendigkeit, Verspieltheit, Herzlichkeit, Sexualität und Erotik, Liebe und Verliebtsein, Ausstrahlung und Lebensfreude, Kinder und Kunst gehören ebenso ins fünfte Haus, wie Macht und Geltungsstreben. Es ist die Lebenslandschaft des Siegers, die „Spielwiese des Lebens".

Es wird dem Zeichen Löwe mit der Herrscherin Sonne zugeordnet.

Sechstes Haus

Im sechsten Haus verlässt man die Siegerlandschaft; hier muss der Existenzkampf bewältigt werden, und der bringt nicht selten auch Niederlagen. Das sechste Haus wird auch das Haus der Arbeit genannt, der ganz realen Existenz, wo man sich mit allem, was man kann und gelernt hat, einbringen und seine Nische finden muss. Da sind Anpassung an die verschiedenen Situationen und Menschen gefragt, kritische Selbsterkenntnis, Ehrlichkeit, zweckmäßiges Verhalten, Pflichterfüllung und auch Dienen und soziales Engagement. Nicht selten gibt es Anpassungs- und Durchsetzungsprobleme. Überforderung, Versagen und psychosomatische Prozesse sind die Folge. Das sechste Haus wird auch das Haus der Gesundheit genannt. Es hat ganz konkret mit dem Körper, mit Gesundheitsvorsorge, Diät und Reinigung zu tun.

Die Prinzipien der Ordnung und Reinheit entsprechen dem Zeichen Jungfrau, das mit seinem Herrscher Merkur das sechste Haus symbolisiert.

Siebtes Haus

Das siebte Haus ist das Haus der Partnerschaft, der Ehe, der legalen Verbindungen. Hier geht es darum, ein funktionell tüchtiges Verhalten zum Du zu schaffen. Eine Art Handel wird abgeschlossen, Vereinbarungen werden getroffen und schriftlich niedergelegt, Verträge werden gemacht, echte Partnerschaften geschlossen. Das siebte Haus setzt den Impuls zur Auseinandersetzung mit allem, was uns begegnet und inhaltlich zu uns passt und belebt unsere Sehnsucht nach Ergänzung. Es symbolisiert unsere andere Seite, unsere „bessere Hälfte".

Gemäß dem Waagezeichen und der Herrscherin Venus werden dem siebten Haus Harmonie, Ausgewogenheit, Balance, sowie Schönheit und Ästhetik zugeordnet.

Achtes Haus

Was im siebten Haus an Bindungen angelegt wurde, verdichtet sich hier und kann abhängig machen. Gesellschaftsstrukturen, Gesetze und Ordnung, Pflichten, aber auch Statusstreben beherrschen das achte Haus, was oft bis zum Selbstverlust geht. Auch die Regeln des Gebens und Nehmens, Erbschaften, werden hier festgelegt und was einer hat - materiell oder geistig - wird interessant bis zum Neid. Stark entwickelte Sexualität mit dem Wunsch nach emotionaler Verschmelzung und Sicherheit, Machtstreben, Kontrolle und Manipulation bis zu okkulten Praktiken werden ebenso diesem Haus zugeordnet. Nicht zuletzt aber ist es auch der Bereich, wo der Mensch wieder loslassen lernen muss. In den für dieses Haus typischen „Stirb- und Werdeprozessen" werden ihm die Vergänglichkeit und

Sinnlosigkeit all dieser Bemühungen und Zwänge bewusst und je mehr er festzuhalten versucht, umso schmerzlicher werden die Erfahrungen des Lösens und Opfernmüssens. Wandlung, Transformation, Erneuerung sind letztlich das Ziel des achten Hauses, das Gebot Plutos, der diesen Lebensbereich und das analoge Zeichen Skorpion beherrscht.

Neuntes Haus

Hat man losgelassen, das „Sterben" des achten Hauses gelernt und alles erfüllt, was rechtens ist, wird man frei im Denken, das sich nun nicht mehr an den kollektiven Normen orientiert, sondern zur eigenen Philosophie, zur eigenen Weltanschauung, zur Sinnfindung führt. Dadurch wird man für sich selbt eine Autorität, ein Wissender, der seine eigene Individualität erkennt und in Freiheit leben will und anderen mit Toleranz und Verständnis gegenübertritt. Man sagt, das neunte Haus sei die optimistischste Ecke des ganzen Horoskops.

Immer aber geht es um Bewusstseinserweiterung, um geistigen Weitblick, der gern auch auf großen Reisen im Kontakt mit dem Andersartigen erreicht wird.

Das neunte Haus entspricht dem Tierkreiszeichen Schütze mit seinem Regenten Jupiter.

Zehntes Haus

Im zehnten Haus will man das sein, das leben und zum Ausdruck bringen, was man sich im neunten Haus an Wissen und Erkenntnis angeeignet hat und zwar zum Wohle der Gemeinschaft. Es gilt als Repräsentant unserer Stellung in der Welt, unseres öffentlichen Ansehens, Ehrgeizes, der

Karriere und des Berufes. Hier identifizieren wir uns mit unserer Arbeit, die zur Berufung wird und erlangen Autorität, Einfluss, Selbstbewusstsein und Selbsterfüllung. Das zehnte Haus ist das Haus der Meisterschaft, das jedoch mit seinem Herrscher Saturn einen strengen Regenten hat. Aufstieg und Absturz sind nah beisammen; nach einem überindividuellen Gesetz wird hier die „Spreu vom Weizen" getrennt.

Das zehnte Haus entspricht dem Zeichen Steinbock.

Elftes Haus

Das elfte Haus wird das Haus der Wahlverwandtschaften genannt. Wenn man dieses Ziel: Individualität, Berufung und gesellschaftliche Höhe erreicht hat, schließt man sich gerne mit Gleichgesinnten, mit den echten, wahren Freunden auf gleicher Wellenlänge zusammen. Das gibt einerseits geistige Sicherheit, andererseits bedeutet es auch oft ein Abheben vom Boden der Realität in die Bereiche von Utopia. Menschlichkeit, Ethik und Moral sind die Basis für das Verbundensein in Brüderlichkeit und Freiheit, doch das lebendige, vitale Leben, auch die Menschen, denen man verpflichtet ist, bleiben oft weit zurück.

Das entsprechende Tierkreiszeichen ist Wassermann, die dazugehörigen Planeten sind Saturn und Uranus.

Zwölftes Haus

Das zwölfte Haus ist ein Ort, der „nicht von dieser Welt" ist. Der Kreis schließt sich, Endzeitstimmung kommt auf. Man nennt es auch das Haus des Rückzugs, der Verinnerlichung, der Auflösung. Es geht um das Erkennen der eigenen Wesensart und der großen Zusammenhänge des Kosmos. Der Mensch erlebt sich als Teil der Schöpfung, löst die Grenzen zwischen innen und außen auf und empfindet: Ich bin in allem und alles ist in mir.

Diese Grenzauflösung führt im gesellschaftlichen Bereich zu sozialem Mitgefühl, zu Mitleid und Humanismus, zum Erkennen dessen, was hinter dem gesellschaftlichen Format an allgemein Menschlichem verborgen ist. Im persönlichen Bereich bedeutet die Grenzauflösung auch oft ein Loslassen von Halt bietenden Prinzipien, macht sie labil und anfällig für Täuschung und Illusion, so sehr sie auch Fantasie und Eingebung begünstigen mag. Sie kann die Flucht ins Irrationale fördern oder den Zugang zur Transzendenz und dem Numinosen öffnen.

Das zwölfte Haus wird dem Tierkreiszeichen Fische zugeordnet und dessen Herrschern Jupiter und Neptun.

Die Sonne in den verschiedenen Tierkreiszeichen

Hier erhalten Sie eine Beschreibung der Sonnenzeichen, das ist jenes Zeichen, welches die Sonne am Tag Ihrer Geburt durchwanderte. An Ihrer Sonne erkennen Sie, wie Sie in der Welt auftreten, wie Sie für die anderen erscheinen, wie Sie Ihre eigenen Anlagen in der Außenwelt umsetzen. Der Stand der Sonne ist das Wesentliche und Grundsätzliche des Geburtsbildes. Sie zeigt die typischen Verhaltenseigenschaften eines Menschen. Selbstverständlich kann so eine Verhalteneigenschaft individuell im Sternbild noch verstärkt oder auch abgeschwächt wirksam sein. Dies zu erklären führe hier aber zu weit.

Noch dazu steht die Sonne in einem bestimmten Haus des Horoskopbildes. Das hängt davon ab, um welche Uhrzeit Sie geboren wurden. Im Allgemeinen kann man sagen, dass diejenigen, die zwischen Mitternacht und bis zum Sonnenaufgang geboren wurden, ihre Sonne im ersten Quadranten, das sind die ersten drei Häuser des Radix, haben, diejenigen, die zwischen Sonnenuntergang und Mitternacht geboren wurden, haben ihre Sonne im zweiten Quadranten, diejenigen, die nachmittags geboren wurden im dritten Quadranten und schließlich fehlen noch diejenigen, die am Vormittag geboren wurden, diese haben ihre Sonne im vierten Quadranten. Lassen Sie uns nun beginnen, das Wesentliche der einzelnen Sonnenqualitäten anzuführen:

Sonne im Widder

Vom 21. März bis 20. April durchläuft die Sonne das Zeichen des Widders.

Der Tierkreis beginnt astrologisch mit dem Frühlingspunkt, das ist der 21. März und dem Zeichen des Widders. Widdermenschen tragen die Energie in die Welt. Da es sich um ein Feuerzeichen handelt, ist ihr Auftritt elanvoll, mutig, direkt, vorwärtsstrebend, ungeduldig, hitzig und durchsetzungswillig. Wenn Sie gegen einen Widder ankämpfen wollen, werden Sie wohl den Kürzeren ziehen.

Sonne im Stier

Vom 21. April bis zum 20.Mai durchläuft die Sonne das Zeichen des Stiers.

Stier ist ein Erdzeichen, und daher findet man erdige Eigenschaften wie Liebe zur Natur, bequem und genussvoll leben, Sicherheitsbedürfnis, Willenskraft, Treue und Sinn für Reales.

Dem Zeichen Stier sagt man die ewige Treue nach, sofern nicht andere Planetenbetonungen im Horoskop die Anlage stören.

Sonne im Zwilling

Vom 21. Mai bis 21. Juni durchläuft die Sonne das Zeichen Zwilling. Zwilling wird dem Element Luft zugeordnet und zeichnet sich deshalb durch Kommunikationstalent aus. Der Zwillingsmensch sammelt enormes Wissen an, ist immer neugierig und interessiert. Er besitzt die Fähigkeit komplexe Zusammenhänge aufzuschlüsseln, er weiß, wie Dinge funktionieren und zusammenhängen. Zwillingsmenschen sind Wissenschaftler, Tüftler, Lehrer und Vermittler.

Sonne im Krebs

Vom 22. Juni bis 22. Juli dürchläuft die Sonne das Tierkreiszeichen des Krebses. Krebs wird dem Element Wasser zugeordnet, dem Symbol für Gefühle und Unbewusstes. Krebsmenschen sind sehr einfühlend, oft auch empfindlich, sie lieben die familiäre Geborgenheit und brauchen Schutz. Krebsmenschen sind gute Zuhörer und gute Therapeuten, das Gefühlsleben steht bei ihnen an erster Stelle.

Sonne im Löwen

Vom 23. Juli bis 22. August durchwandert die Sonne das Tierkreiszeichen des Löwen. Löwe wird dem Element Feuer zugeordnet, dem Symbol für spontane Impulse und Vitalität. Löwemenschen besitzen ein sonniges Naturell, lieben die Gesellschaft, sind großzügig und zeigen eine optimistische, lebensbejahende Grundeinstellung.

Sonne in der Jungfrau

Vom 23. August bis 22. September durchläuft die Sonne das Sternzeichen Jungfrau. Jungfrau wird dem Element Erde zugeordnet und steht für Eigenschaften wie Fleiß, Geduld, Vernunft, Sorgfalt, Genauigkeit, Gesundheitsbewusstsein, Dienen und Anpassung. Die Gefahr der so reich an Tugenden ausgestatteten Jungfrau liegt manchmal in der Untugend des Kritisierens.

Sonne in der Waage

Vom 23. September bis zum 22. Oktober durchwandert die Sonne das Tierkreiszeichen der Waage. Waage wird dem Element Luft zugeordnet. Waagemenschen verstehen sich vorzüglich auf diplomatisches Vermitteln, Ausgleichen und Verbinden. Sie verfügen über ein freundliches, liebenswürdiges Auftreten, pflegen viele Kontakte und interessieren sich für Kunst und Kultur.

Sonne im Skorpion

Vom 23. Oktober bis zum 21. November durchläuft die Sonne das Tierkreiszeichen des Skorpions. Skorpion wird dem Element Wasser zugeordnet. Skorpionmenschen verstehen sich auf seelische Zusammenhänge, verfolgen bestimmte Dinge mit klarem Vestand und mit besonderer Tiefgründigkeit, unterliegen selbst großen inneren Gefühlsschwankungen, sind ihrem Partner treu und haben feste Vorstellungen, von denen sie nicht leicht abrücken.

Sonne im Schützen

Vom 22. November bis zum 21. Dezember durchwandert die Sonne das Tierkreiszeichen des Schützen. Schütze wird dem Element Feuer zugeordnet. Schützemenschen sind ideenreiche und großzügige Typen. Sie sind geistig sehr rege und unabhängig, weitblickend und erfrischend spontan. Die Schützen sind auf der Suche nach dem tieferen Sinn des Lebens.

Sonne im Steinbock

Vom 22. Dezember bis zum 20. Januar durchläuft die Sonne das Tierkreiszeichen des Steinbocks. Steinbock wird dem Element Erde zugeordnet und steht für Verantwortungsbewusstsein und Realitätssinn. Steinbockmenschen sind fleißig, ausdauernd und zuverlässig, sie sind das Symbol für Recht und Ordnung in dieser Welt.

Sonne im Wassermann

Vom 21. Januar bis zum 19. Feber durchwandert die Sonne das Zeichen Wassermann. Wassermann wird dem Element Luft zugeordnet. Wassermänner stehen für Erfinderreichtum und Originalität. Sie lieben die freundschaftliche Gemeinschaft, haben hohe Ideale und sind Weltverbesserer. Hervorzuheben sind ihr Ideenreichtum und ihre geistige Wendigkeit.

Sonne in den Fischen

Vom 20. Feber bis zum 20. März durchläuft die Sonne das Tierkreiszeichen der Fische. Fische werden dem Element Wasser zugeordnet und stehen für sensitives und einfühlendes Verhalten. Fischemenschen besitzen oft eine mystische Veranlagung und großes religiöses Interesse, oft sind sie auch medial. Sie sind hilfsbereit und friedfertig, träumerisch und phantasievoll.

Die Bedeutung der einzelnen Planeten:

Mars, der Planet des Tierkreiszeichens Widder.

♂

Mars steht für Energie, Leistungskraft, Tapferkeit, Engagement und spontane Durchsetzungskraft. Dort wo der Planet Mars steht, in diesem Haus treibt er Sie mit seinem Feuer voran.

Venus, der Planet der Tierkreiszeichen Stier und Waage.

♀

Venus steht für Harmonie, Ästhetik, Schönheitsliebe, Stilempfinden und Selektivität, wenn die Venus die Waage symbolisiert und für Interesse an Besitz, Bequemlichkeit und Sinn für das Bewahren von Materie, wenn die Venus den Stier repräsentiert. Dort wo die Venus steht, da wollen Sie es angenehm und schön haben, dort soll es Ihnen gut gehen.

Merkur, der Planet der Tierkreiszeichen Zwilling und Jungfrau.

☿

Merkur steht für das Denken, den Verstand, das Sprechen, das Schreiben, die Kommunikation, wenn der Merkur den Zwilling symbolisiert und für Exaktheit, Gründlichkeit und Hilfsbereitschaft, wenn der Merkur die Jungfrau repräsentiert. Dort wo der Merkur steht, fällt Ihnen das Denken und Verstehen leicht.

Mond, der astrologische Planet des Tierkreiszeichens des Krebses.

Mond steht für die Gefühlswelt, für Emotionalität, Offenheit, Veständnis und Beweglichkeit. Dort wo der Mond steht, da sind Ihre Sehnsüchte zu Hause.

Sonne, der Planet des Tierkreiszeichens des Löwen.

Die Sonne steht für die Art Ihres Auftrittes in der Welt. Sie wird in einer eigenen Tabelle besprochen. Sie zeigt, womit Sie sich identifizieren. Dort wo die Sonne steht, da können Sie Ihr Selbstbewusstsein finden und entwickeln.

Pluto, der Planet des Tierkreiszeichens Skorpion.

Pluto steht für Zielorientiertheit, Loyalität, Entschlossenheit, Scharfsinnigkeit, Hintergründiges und Vorstellungsgebundenheit. Dort wo Pluto steht, da erleben Sie Ihre Krisen, wenn die Wandlungen nicht zugelassen werden.

Jupiter, der Planet des Tierkreiszeichens des Schützen. (teilweise auch Fische)

Jupiter steht für Erweiterung, Begeisterungsfähigkeit, Freiheitsliebe, Optimismus, Einsicht und

Aufgeschlossenheit. Dort wo der Jupiter steht, dort haben Sie Glück.

Saturn, der Planet des Tierkreiszeichens Steinbock. (teilweise auch Wassermann)

♄

Saturn steht für Verantwortung, Ehrgeiz, Ernsthaftigkeit, Zuverlässigkeit, Tüchtigkeit, Geduld und Ausdauer. Dort wo der Saturn steht, werden Sie nicht über die Stränge schlagen, dort werden Sie gebremst werden.

Uranus, der Planet des Tierkreiszeichens Wassermann.

♅

Uranus steht für Unabhängigkeit, Freundschaften, Aufhebung von Polaritäten, Idealismus, Orientierung in die Zukunft, Erfindergeist und Freundschaft. Dort wo Ihr Uranus steht, da müssen Sie mit plötzlichen Veränderungen und spontan auftretender Unruhe rechnen.

Neptun, der Planet des Tierkreiszeichens der Fische.

♆

Neptun steht für Feinfühligkeit, Grenzenlosigkeit, Selbstlosigkeit, Unsicherheit, Täuschung, Medialität und Jenseitiges. Dort wo Neptun steht, da finden Verschleierungen, Unklarheiten und Religiosität statt.

Teil II: TAROT

Wie bereite ich mich vor?

Wenn Sie sich entschieden haben, Tarot zu spielen, dann sollten Sie sich vor allen Dingen dafür etwas Zeit nehmen. Schaffen Sie sich eine angenehme Atmosphäre, legen Sie eine schöne Tischdecke auf oder machen Sie es sich auf dem Boden bequem, wenn Sie wollen, zünden Sie eine Kerze an. Kommen Sie zur Ruhe und überlegen Sie sich eine Frage.

Mischen Sie nun mit dieser Frage im Kopf die Karten. Nach Belieben können Sie während des Mischens auch abheben. Breiten Sie nun die Karten mit den Bildern nach unten vor sich aus und ziehen Sie intuitiv eine Karte. Alternativ können Sie auch einen Stapel bilden und die oberste Karte abheben. Decken Sie nun die gezogene Karte auf und betrachten Sie das Bild. Lassen Sie es meditativ auf sich wirken. Wenn Sie sich in das Bild hineinversetzt haben, schlagen Sie die betreffende Kartenbeschreibung im Buch nach und lesen Sie die darin enthaltenen Informationen. Sie werden überrascht sein, wie treffend die Karten auf Ihre Fragen antworten.

Sollte Ihnen eine Karte nicht ausreichen, um Lösungen auf Ihre Fragen zu erhalten, so können Sie ohne weiteres Folgekarten ziehen. Für das Motherpeace-Deck empfehlen wir Ihnen, einen Kreis zu legen, wobei die Folgekarte eine ergänzende und weiterführende Antwort liefert. Hören Sie nach innen, Sie werden spüren, wann Ihre Frage ausreichend beantwortet ist. Achten Sie auf die astrologische

Entsprechung der Karte und suchen Sie in Ihrem individuellen Horoskop den der Karte entsprechenden Planeten und das dazugehörige Tierkreiszeichen. Sehen Sie nach, in welchem Haus sich der entsprechende Planet befindet. Verknüpfen Sie die Kartenaussage mit der Thematik des Hauses, in dem der Planet steht, sowie mit der Planentenqualität.

Wenn Sie nun z.B. eine Frage zur Partnerschaft haben und Sie ziehen die Karte Schamanin der Kelche, so ist der Mond der Planet, den es in die Kartenaussage zu integrieren gilt. In welchem Haus steht er bei Ihnen? Nehmen wir an, er befindet sich bei Ihnen im vierten Haus, dem Haus der Familie. Der Mond sagt Ihnen, wo Ihre Sehnsüchte gestillt werden können. Kombinieren Sie die Informationen der Karte und der Astrologie! Da in diesem Fall die Gefühlswelt im vierten Haus zur Entfaltung kommt und die Karte empfiehlt, sich für das Wohl der Lieben einzusetzen, wissen Sie, dass Sie jetzt Ihre Gefühle im Kreise der Familie gut investieren werden.

Die Große Arkana oder die Stufen der seelischen Bewusstwerdung

Ein Tarot-Deck besteht aus 78 Karten, 22 bilden die Große, 56 die Kleine Arkana. Das Wort Arkana stammt aus dem Lateinischen und bedeutet „Kasten". Wenn man in die einzelnen Kästen genau hineinschaut, wird man erkennen, dass sich hierin tiefe Geheimnisse verbergen. Jede Karte stellt eine symbolhafte Verschlüsselung eines überlieferten Wissens dar, das in Bildern zu uns spricht und nur in Bildern sprechen kann. So liegt es am Betrachter, die Aussage zu dechiffrieren und auf seine jeweilige Lebenssituation zu beziehen. Einundzwanzig Karten, die mit römischen Ziffern versehen sind, bilden den Zyklus der Großen Arkana, hinzu kommt die Zahl Null, die dem Narren bzw. der Närrin zugeschrieben ist. In ihrer Symbolhaftigkeit gleicht die Große Arkana einem Bilderbuch, die uns mit ihren kosmischen Themen die ganze Schöpfunggeschichte zu erzählen scheint. Auf spiritueller Ebene zeigen die Karten den Zyklus, den die Menschenseele durchwandert. Mit ihrer Inkarnation in einen menschlichen Körper betritt sie die Bühne des Lebens und durchläuft Stationen, die sie vom Beginn der Selbst-Bewusstwerdung bis hin zum All-Bewusstsein führt. Aus diesem Grunde nennen wir die Stationen der Großen Arkana die Stufen der seelischen Bewusstwerdung. Mit dem Erwachen der Bewusstheit und der Realisierung der menschlichen Existenz nimmt der Weg seinen Lauf, der mit all seinen Höhen und Tiefen, schönen und zur Selbsterkenntnis notwendigen schwierigen Erfahrungen, mit existentiellen Umbrüchen und Erkenntnissen bildhaft dargestellt ist.

Wenn Sie sich mit den Mysterien der Großen Arkana beschäftigen, so lassen Sie die Bilder auf sich wirken, meditieren Sie über den Karten und finden Sie heraus, von welcher Karte Sie sich besonders angesprochen fühlen, welches Bild Sie auf irgendeine Weise berührt. Ihr Unterbewusstsein wird ganz von selbst auf genau die Karte am stärksten reagieren, die Ihrer Seelenentwicklung entspricht. Zu Beginn jeder Kartenbeschreibung wurde die Wegetappe, d.h. die jeweilige Stufe der seelischen Bewusstwerdung, in Worte gefasst. Diese Stadien können aber nur im Zusammenhang mit der Bildqualität richtig verstanden und in den Alltag integriert werden. In der Großen Arkana spiegelt sich die ganze Menschheitsgeschichte: alles was uns an Eigenschaften, Talenten, Möglichkeiten, Gefahren und Beschränkungen auf unserem Lebensweg begegnet, ist aus den Karten herauszulesen. Erkennen Sie sich selbst in den Karten, und Sie werden feststellen, dass Sie für die täglichen Probleme unserer Existenz eine große Hilfe sein können, dass in den Karten Lösungen geschrieben stehen, die eigentlich in uns selbst verankert sind.

Die Neuinterpretation der Karten der Großen Arkana von Vicki Noble und Karen Vogel geht zurück in vorpatriarchale Zeiten, mit ihnen wird das Streben nach der Rückkehr zum Ursprung unseres Seins versinnbildlicht. Diese Sehnsucht findet in den ersten Karten des Motherpeace-Decks ihren Ausdruck; mit dem Herrscher (IV) beginnt das Stadium, in dem sich die Menschenseele mit der materiellen Welt und den darin enthaltenen Gefahren konfrontieren muss; über die Stufe der Gehängten, die bewusst die Perspektive wechselt, entwickelt sich die Seele und gelangt über den Tod zur Wiedergeburt. Diese letzte Phase wird durch den Stern und den Mond symbolisiert, die Zeit der

Wiederherstellung des Universums ist angebrochen und findet in der Sonne, dem Gericht und der Welt ihre Vollendung. Denjenigen, die sich schon länger mit dem Tarot beschäftigen, wird diese Symbolik vertraut sein und sie auf ihren Lieblingskarten entdeckt haben. Um die Erläuterung der Großen Arkana möglichst vielen Interressierten zugänglich machen zu können, wurde auch eine Beschreibung der Rider-Waite-Karten integriert.

Auch wenn mit diesen Karten des Tarotspiels das Große, die evolutionäre Seelenentwicklung, dargestellt ist, so kann ein persönlicher Bezug für unsere momentane Situation, für die gewöhnlichen Probleme unseres alltäglichen Seins hergestellt werden. Diesen Bezug können Sie selbst herausfinden, wenn Sie sich Ihrer momentanen Stimmung hingeben und sich intensiv in das Bild hineinversetzen. Antworten auf Fragen werden wie von selbst in Ihnen hochsteigen. Zur Unterstützung folgen auf die Bildbeschreibungen Anregungen, wie das jeweilige Bild zu verstehen ist. In diesem Sinne sollen die Abschnitte „Wenn Sie diese Karte ziehen," und „Astrologische Entsprechung" einen Anreiz bieten, sich tiefer in die Kartenaussage hineinzudenken und ganz persönliche Interpretationen vorzunehmen.

Kartenbeschreibungen

Die Närrin - Fool - Der Narr

0

Die Närrin

Symbolisiert den Zustand des Unbewussten. Der Weg beginnt richtungslos. Die Närrin weiß nicht, was der Weg bringen wird, absichtslos lässt sie sich treiben.

Die Motherpeace-Karte der Närrin zeigt ein Kind, das die Welt und das Geschehen um sich herum im Handstand wahrnimmt. Ihr Gesichtsausdruck spiegelt die Unbekümmertheit wider, die nur der kindlichen Seele eigen sein kann, da diese noch keine Schuld kennt. Die Närrin ist das Symbol der Menschenseele, die noch nicht über sich nachdenkt, im Augenblick lebt, ohne dabei Vergangenes und Zukünftiges zu analysieren. Gefahren und Furcht sind ihr fremd, vertrauensvoll wagt sie den Gang über das Wasser, sie folgt ihren Impulsen und bleibt ewig jung. Auf seiner linken Zehe balanciert das Kind die Narrentasche, die auf allen traditionellen Tarotkarten zu finden ist. Der Beutel enthält alle Symbole, die das kosmische Bewusstsein wecken und somit Ausgangspunkt für die Schaffung eines Tarotdecks sind. Auf der Motherpeace-Karte ist die Närrin umringt von zahlreichen symbolhaften Tieren und Pflanzen; so wacht beispielsweise der weißköpfige Geier über das Kind, das Krokodil steht für Gefahren, die jedoch in Form eines verspielten Zwergkrokodils keinen negativen Einfluss auf das Kind ausüben. Als tierische Verbündete steht der Närrin eine Katze zur Seite. Auf der anderen Seite des Flussufers wachsen Fliegenpilze - magische Pilze, mit denen man umzugehen wissen muss. Aus dem Wasser sprießen Wasserlilien hervor, sie zeigen der Närrin, dass Schönheit seine Wurzeln im Verborgenen hat. Die Blüte steht für das Kronenchakra, das den Menschen mit dem Göttlichen verbindet. Der Fluss des Lebens mündet in den schneebedeckten Berggipfeln, die die kühle Reinheit nach dem Aufstieg versinnbildlichen.

Die Karte des Rider-Tarotdecks zeigt den Narren in männlicher Person, der kurz vor dem Abgrund steht, doch gewinnt man den Eindruck, als bliebe ihm immer genug Platz für einen weiteren unbekümmerten Schritt. Über ihm schwebt die Null, sie symbolisiert die Lebenskraft, bevor sie in die Schöpfung tritt.

Wenn Sie diese Karte ziehen,
sollen Sie das Kind in Ihnen hervorholen und es fragen, welche Wünsche es hat. Seien Sie mutig und erfüllen Sie sich diese Wünsche! Es kann eine sorglose, glückliche Zeit für Sie anbrechen. Kümmern Sie sich nicht darum, was die anderen denken. Genießen Sie das Leben von seiner unbeschwerten Seite, jetzt ist der Zeitpunkt goldrichtig dafür.

Leben Sie in den Tag hinein, seien Sie spontan, ohne die Konsequenzen zu hinterfragen. Es ist die Zeit, das Leben spielerisch zu meistern. Machen Sie sich über Beziehungen und materielle Angelegenheiten keine Gedanken, Sorglosigkeit soll Ihr Motto sein. Seien Sie ein Luftikus und haben Sie Freude daran!

Astrologische Entsprechung
Das analoge Tierkreiszeichen dieser Karte ist Wassermann mit dem Planet Uranus. Dieser Planet steht für den Vogelflug, den Raum zwischen Himmel und Erde. Er verbindet spirituelles Bewusstsein mit den irdischen Bedürfnissen. Auch können Sie mit dieser Karte Ausgleich und Frieden unter Menschen herstellen. Leben Sie den Augenblick, der, ohne nach hinten oder nach vorne zu schauen, viel mehr bietet, als wir ihm im Allgemeinen entlocken. Jetzt können Sie spirituelle Ideen in die Welt tragen und anderen vermitteln, dass das Leben ein kostbares Geschenk Gottes ist!

Die Magierin - Magician - Der Magier

Die Reise zur Bewusstwerdung wird angetreten. Willentlich entscheidet sich die Magierin, den Weg ins Licht zu beschreiten. Intuitiv weiß sie um die Unendlichkeit des Seins und um die Gesetze des Lebens.

I

Die Magierin

Im Motherpeace-Bild ist die Magierin als eine tanzende Frau dargestellt, bekleidet mit einem Tigerfell, durch das sie in Verbindung mit der göttlichen Welt treten kann. Sie besitzt magische Kräfte, die als gelbes Licht vom Solarplexus ausstrahlen. In ihrer linken Hand hält sie einen Stab, aus dem Feuer strömt und mit dem sie ihre Macht demonstriert: die Macht, kraft ihres Wissens und ihres Willens ihre Vorstellungen und Ideen zu verwirklichen. Dies gelingt ihr, weil sie über das Feuer als treibende Kraft verfügt. Im Gegensatz zu traditionellen Magierabbildungen erfolgt die bewusste Steuerung dieser Willenskraft jedoch von der linken, der weiblichen Hand aus. Mit der emporgestreckten rechten Hand werden durch das Messer Energien wie ein Blitz zur Erde gezogen. Der Tanz der Magierin spiegelt ihre harmonische Beziehung zur Natur wider, sie hält Augenkontakt zu der Sphinx hinter ihr, dem Sinnbild für tierische Kraft, gepaart mit menschlichem Geist. Dieses Wesen bewahrt Geheimnisse, die sonst verlorengingen; der Magierin ist es erlaubt, diese Weisheiten zu studieren und die Verbindung mit dem Göttlichen aufrecht zu halten, was durch ihre Körperhaltung zum Ausdruck kommt. Während sie mit ihrem Blick die Wahrheit über das Sein ergründet, berührt sie mit ihren Füßen die physikalischen Elemente Wasser und Erde, symbolisch dargestellt durch den Kelch und die Münzen. In der Person der Magierin verbirgt sich ein Kanal, dessen Aufgabe es ist, zwischen der menschlichen und göttlichen Welt zu vermitteln.

Die Karte des Rider-Tarotdecks zeigt einen männlichen Magier, der seinen Stab mit der rechten Hand in die Höhe streckt, sein linker Zeigefinger deutet auf den Boden. Über seinem Kopf ist die liegende Acht, das Unendlichkeitssymbol, abgebildet. Er trägt ein weißes Gewand, als Gürtel dient die Schlange der Ewigkeit, die sich in ihren eigenen Schwanz beißt. Der rote Umhang ist lose, er steht für die menschliche Leidenschaft. Der Magier kann ihn aus- oder anziehen, es liegt also in seiner Macht, ob er seinem Verlangen nachgeht oder nicht. Auch hier sind die vier Elemente symbolhaft dargestellt, als Kelch, Schwert, Pentagramm und Stab für Wasser, Luft, Erde und Feuer.

Wenn Sie diese Karte ziehen,
so verfügen Sie im Moment über ein Energiepotential, das Sie unbedingt nutzen sollten. Überlegen Sie sich, ob es für Sie an der Zeit ist, ein neues Projekt anzugehen, einen

beruflichen Neuanfang zu wagen oder einen Kurs zu belegen, mit dem Sie sich beruflich verbessern könnten. Sie besitzen die Kraft, um Ihr Leben effektiver und zielorientierter zu organisieren. Durch Ihren starken Willen können Sie jetzt Ziele erreichen, die Sie sich bisher nicht zugetraut haben. Mit dieser höchst energetischen Karte befinden Sie sich auf Ihrem Weg zur Selbstverwirklichung! Wenn Sie es zulassen, hierbei auf Ihre Intuition zu vertrauen, so werden neue Ideen und Pläne wie von selbst auf Sie einströmen. Das daraus erwachsende Selbstvertrauen wird Sie an immer höhere Ziele heranführen. Auch Ihre Partnerschaft können Sie mit neuen Ideen für die Freizeitgestaltung auffrischen und beleben!

Astrologische Entsprechung
Widder, das kardinale Feuerzeichen mit seinem Repräsentanten Mars, steht als Symbol für Energie pur, für die Intuition, für das In-die-Welt-Treten, für den Neuanfang. Seien Sie couragiert, ein unendliches Reservoir an schöpferischer Kraft steht Ihnen zur Verfügung.

DIE HOHEPRIESTERIN - HIGH PRIESTESS - DIE HOHEPRIESTERIN

Die Hohepriesterin hat geistigen Zugang zu beiden Welten, dem Diesseits und dem Jenseits. Sie gibt die Geheimnisse jedoch nur punktuell und in Verantwortlichkeit weiter. Ihr inneres Wesen besteht aus reinem Gottesglauben, Selbstlosigkeit und Menschenliebe.

II

Die Hohepriesterin

Im Motherpeace-Bild ist die Hohepriesterin als schwarze Afrikanerin dargestellt. Mit ausgebreiteten Armen und angewinkelten Beinen sitzt sie zwischen den beiden Säulen der Gegensätze, die mit Mondkalendern und abstrakten geometrischen Gravuren verziert sind und an frühe Höhlenmalereien afrikanischer Ureinwohner erinnern sollen. Sie repräsentiert die Kraft, die den Ausgleich zwischen Gegensätzen herstellt. Als Kopfschmuck trägt sie halbmondförmige Hörner - ein Horn steht für den abnehmenden, das andere für den zunehmenden Mond; sie lebt in Verbundenheit mit der Tierwelt, was sich in ihrer Bekleidung und der Hornkrone widerspiegelt. Dass sich hinter der Mondsymbolik eine tiefergreifende Aussage verbirgt, sollte indes nicht überraschen, wird hiermit doch seit jeher das Unbewusste, die Geheimnisse der Nacht, versinnbildlicht. Das Tor, das den Zugang zum Unbewussten ermöglicht, steht nicht jedem offen. In der Person der Hohepriesterin findet sich ein Bindeglied zwischen der irdischen und jenseitigen Welt, sie ist die Personifikation höchster spiritueller Werte. Auf dieser Karte dominieren dunkle Farbtöne, den Hintergrund bildet das Blau der Nacht, durch das die Hohepriesterin hindurchsieht. Sie sieht mehr als andere, weil sie tiefer blickt.

Die Karte des Rider-Tarotdecks zeigt die Hohepriesterin als würdevolle, Ruhe ausstrahlende Dame, die ebenfalls zwischen zwei Säulen sitzt, die für die Dualität auf Erden stehen. Auf ihrem Schoß hält sie eine Rolle der Tora, dem Gesetz, das jedoch halb von ihrer Robe verdeckt wird, ein Teil des Wissens soll also im Verborgenen bleiben. Zu ihren Füßen liegt ein kelchförmiger Halbmond, Symbol für Empfänglichkeit und Traumbewusstsein.

Wenn Sie diese Karte ziehen,
so sollten Sie völlig auf Ihre Intuition vertrauen. Entscheiden Sie nicht nur nach dem Verstand, sondern folgen Sie Ihrer inneren Stimme! Bestimmte Gefühle und Ahnungen sollen jetzt der Beweggrund Ihrer Handlungen sein. Um wertvolle Informationen aus dem Reich des Unbewussten erhalten zu können, empfiehlt es sich, die unversiegbare Traumquelle anzuzapfen. Ein Traumtagebuch könnte jetzt von großem Nutzen sein. Bitten Sie Ihr höheres Selbst, die Traumwahrnehmung ins Bewusstsein hochsteigen zu lassen.

Lassen Sie sich von Ihrem inneren Führer eine Stunde früher als gewohnt wecken und nutzen Sie diesen halbwachen

Zustand aus, um diese Transformation vom Unbewussten ins Bewusste zu ermöglichen. Vertrauen Sie den Informationen, die Sie über diesen spirituellen Weg erhalten, denn sie entspringen der Quelle der Wahrheit!

Astrologische Entsprechung
Die astrologische Analogie zur Magierqualität ist das Tierkreiszeichen Krebs mit seinem Repräsentanten, dem Mond. Als Zentrum der seelischen Vielfalt ermöglicht der Mond, in die Tiefen des Wassers, des Unbewussten hinabzusteigen.

Die seelische Empfindung wird über das Gefühl und die inneren Bilder in den Geist transportiert und dem Menschen zugänglich gemacht. Mit dieser Karte kommt eine innere, unsichtbare Entwicklung in Gang. Hören Sie aufmerksam nach innen, wenn Bilder hochsteigen, sie stellen die Informationen dar! Fern dem hellen Licht der Außenwelt kann hier im Schutze des Mondes der Same aus der Karte der Magierin sich entwickeln und gedeihen!

Die Herrscherin - Empress - Die Herrscherin

Der Weg führt in den Tag hinein, die Herrscherin weiß um die Gesetze der Natur und lässt sie nach ihrem eigenen Willen in sich selbst wirken. Sie entdeckt ihr höheres Selbst und lebt in Einklang mit Körper, Geist und Seele.

Im Motherpeace-Bild liegt die Herrscherin in verführerischer Pose im Gras, ihr Unterleib ist mit einem Tuch bedeckt, ihr Oberkörper hingegen frei. Sie ist die große Mutter, die von den Schönheiten und der Fülle der Natur umgeben ist. An der roten Rose der Leidenschaft riechend, fühlt sie ihre

III

Die Herrscherin

Verbundenheit mit der Erde, aus der alles geboren wird und zu der alles zurückkehrt. Die Herrscherin ist Sinnbild für die Schöpfung, sie kennt die Geheimnisse der Fortpflanzung, des Wachstums und der Geburt. In allen frühen Kulturen wurde die Fruchtbarkeit der Mutter mit der Fruchtbarkeit der Erde gleichgesetzt; symbolhaft kommt diese Verbindung auf der Karte durch den Stier zum Ausdruck, den großen Befruchter und Träger der Lebenskraft. Auf der rechten Seite des Bildes befindet sich eine Eiszeit-Skulptur, welche die berühmte „Venus von Laussel" darstellt. Da sie ein halbmondförmiges Füllhorn in ihrer Hand hält, wird sie auch als „Frau mit Horn" bezeichnet. Auch hierin findet sich ein Symbol für Fruchtbarkeit, die es ermöglicht, eine reiche Ernte einzuholen. Diese ist in Form von Getreideähren im unteren Teil des Bildes zu sehen: Die griechische Demeter hält das Getreide zusammen mit der Schlange der Regeneration in ihren Händen und demonstriert so den Überfluss, den die Schöpfung uns beschert. Neben der Herrscherin liegt ein Handspiegel, der Spiegel des Bewusstseins; er verschafft der Herrscherin Zugang zur Selbstbespiegelung und Selbsterkenntnis.

Die Karte des Rider-Tarotdecks zeigt eine thronende Herrscherin, die ihr Zepter emporhält, als müsste sie ihre Überlegenheit und Kraft betonen. Sie trägt eine Krone mit zwölf Sternen, die für die zwölf Tierkreiszeichen oder die zwölf Monate eines Jahres stehen und somit Zeit an sich symbolisieren. Ebenso wie auf der Motherpeace-Karte sitzt die Herrscherin inmitten der Natur, die in all ihrer Pracht dargestellt ist.

Wenn Sie diese Karte ziehen,
stehen Sie mitten im Überfluss, auch wenn Sie ihn nicht wahrnehmen, so ist er doch gegeben. Denken Sie darüber nach, welche Möglichkeiten Ihnen offenstehen, diesen Reichtum zu sehen und zu nutzen. Lassen Sie Ihr Herz sprechen, schöpfen Sie aus Ihrem Gefühlsreichtum, der der weiblichen Seite in Ihnen entspringt. Entdecken Sie den Quell der Liebe und nutzen Sie die Energien, die aus dieser Quelle fließen. Gehen Sie mit Ihrer Emotion nach außen, artikulieren Sie sie, damit die Ideen Früchte tragen können.

Die Zeit ist Ihnen geschenkt und der Zeitpunkt ist gekommen, sich an den Früchten zu laben.

Astrologische Entsprechung
Diese Karte entspricht den Tierkreiszeichen Stier und Waage mit dem dazugehörigen Planet Venus: Stier steht als Zeichen

der irdischen und geistigen Früchte, die Sie mit dieser Karte ernten sollen. Überlegen Sie, welchen Wunsch Sie schon seit längerer Zeit hegen, Sie sollten ihn sich jetzt erfüllen! Waage, das Zeichen für Harmonie und Begegnung fordert Sie auf, den ersten Schritt für eine partnerschaftliche Unternehmung zu tun! Besorgen Sie Karten für einen Theater- oder Kinobesuch oder organisieren Sie ein gemeinsames Essen!

Der Herrscher - Emperor - Der Herrscher

Der Weg führt ins Bewusstsein. Der Herrscher wandelt körperliche Energien in geistige Kräfte um; die hieraus resultierenden

IV

Der Herrscher

Ideen muss er verwirklichen. Während er die Früchte seiner intellektuellen Erkenntnisse nach außen trägt, gibt er Gefühlen und intuitivem Denken keinen Raum.

Im Motherpeace-Bild ist der Herrscher in der Person Alexander des Großen dargestellt, der mit seinen Eroberungsfeldzügen die patriarchalischen Herrschaftsstrukturen repräsentiert. Im Hintergrund befindet sich ein Tisch, der zur Lagerung seiner reichen Beute dient und in seiner Ausstattung Inbegriff männlich dominierter Gesellschaftsformen ist: der Triumphzug beschert Wein, Weib und Gesang, die Siegesfeier findet jedoch in Isolation statt. Der steinerne Thron wirkt kalt und losgelöst von der natürlichen Welt, er symbolisiert die Macht des Herrschers, die er über die materielle Welt besitzt. Seine Errungenschaften sind in klar definierten Grenzen abgesteckt, der Machtbereich des Herrschers ist abgegrenzt und tritt aus dem Rot der Leidenschaften und der Intuition hervor. In seiner Gestik und Körperhaltung spiegelt sich seine vernunftbetonte Weltsicht, die es nicht zulässt, instinktiv zu handeln und auf die innere Stimme der Gefühle zu hören. Er wendet seinen Blick ab, als ob er sich vor der Begegnung mit anderen fürchtete. Mit seinen verschränkten Armen und Beinen schützt er sich vor Eindringlingen, die ihm seine Machtposition streitig machen könnten. Jeder Körperzug unterstreicht seine privilegierte Stellung, sein Intellekt hat seine Emotionen ausgeschaltet. Die Triumphe, die er feiert, gründen auf strategischem Denken und exaktem Planen, sein Platz auf dem Thron ist hart erarbeitet worden, die Konsequenzen sind Entfremdung und Abgetrenntsein vom Natürlichen, zu dem er keinen Zugang mehr findet.

Die Karte im Rider-Tarotdeck zeigt den Herrscher ebenfalls in mächtiger Gestalt, der seine Macht thronend zur Schau stellt. Er hält die Welt in seiner linken und das Kreuz des Tau (T) in seiner rechten Hand. Der Thron ist mit zwei Widderköpfen verziert, die Macht und Tat symbolisieren. Bekleidet ist der Herrscher mit einer schweren Robe und metallenen Beinkleidern, die den direkten Kontakt zur Mutter Erde verhindern.

Wenn Sie diese Karte ziehen,
ist Ihre männliche, emotionslose Seite aktiv. Wie im Bild dargestellt, sind die Verbindungen zur Umwelt abgeschnitten und man läuft leicht Gefahr, dass Handlungen aus einem reinen Egoismus heraus motiviert sind. Möglicherweise befinden Sie sich gerade in einer Machtposition, die Sie nicht missbrauchen sollten. Sehen Sie sich vor, damit Sie andere nicht durch Ihre Vorgehensweise verletzen. Sicher ist diese Kraftkarte im Leben oft vonnöten, aber benützen Sie sie niemals, ohne die Bedürfnisse der anderen zu beachten. Einseitige Autorität, Sturheit und Zorn produzieren nichts anderes als Konfrontation und verursachen Wunden. Da im Leben früher oder später alles auf einen selber zurückkommt, sollte man niemals die Spruchweisheit vergessen, dass das, was ich säe, ich auch ernten werde. Überlegen Sie sich, wie Sie die Kraft der Durchsetzung auf diplomatischen Wege umsetzen können. Vielleicht sind Sie aber auch mit Machtstrukturen konfrontiert, von denen Sie sich unbedingt befreien sollten.

Astrologische Entsprechung
Diese Karte entspricht dem Tierkreiszeichen Widder und dem dazugehörigen Planeten Mars. Mars das Symbol für Tatkraft und Willen trägt die Energien in die Welt. Seine Taten sind kraftvoll wie Blitz und Donner. Alle Vorhaben

werden Sie mit dieser Karte spielend umsetzen können, aber unterlassen Sie es nicht, Ihre Mitmenschen in Ihre Handlungen mit einzubeziehen!

Der Hierophant - Hierophant - Der Hierophant

Der Weg führt zum Repräsentanten des institutionalisierten Glaubens, doch gründet seine Vormachtstellung darauf, dass er die in Demut niedernknienden Gläubigen zu Sündern macht. Er befindet sich auf der Suche nach der Wahrheit.

Im Motherpeace-Bild ist der Hierophant als Repräsentant eines hierarchisch strukturierten institutionalisierten Glaubens dargestellt, der auf einem Podest steht, um so seine Erhabenheit über die gewöhnlichen Leute, die Gläubigen, zu demonstrieren. Die offene Schriftrolle steht für geschriebene Gesetze, göttliche Schriften, heilige Bücher. Da das geschriebene Wort jedoch nie präzise genug formuliert werden kann, um die Wahrheiten über die Welt und unser Sein auszudrücken, bedarf es eines Mittlers; wenn man sich vor Augen führt, dass „Hierophant" in seinem Ursprung „einer, der heilige Dinge ans Licht bringt" bedeutet, so ist seine Funktion definiert. Doch hält der Würdenträger im Bild das heilige Wissen zurück, im Hintergrund staut sich das Wasser, das das Unbewusste, den Zugang zum Jenseits symbolisiert. Er verfügt nicht über die intuitiven Kräfte, die niederknienden Menschen hingegen glauben an seine Lehre, die ihnen die Erlösung bringen soll. Die Rollen sind verteilt: die mächtige Kirchenautorität ist erhaben über die kleinen Sünder. Hinter dem Hierophanten steht ein Soldat mit erhobenen Schwertern, er repräsentiert die Gewalt, die im Laufe der Geschichte zur Bekehrung der Menschen zu neuen Religionen angewendet wurde. Obwohl der Hierophant die Gewänder der Hohepriesterin mit Brüsten trägt, schlägt in seiner Brust ein männliches Herz; Weisheit spricht bei ihm nicht aus dem Herzen, sondern aus den zu Wort gewordenen abstrahierten Lehren.

Auf der Karte des Rider-Tarotdecks ähnelt der Hierophant dem Herrscher. Sein Blick ist aber würdevoller, der Thron als Machtsymbol in den Hintergrund getreten. Dominierend sind hier die beiden Säulen, die als Säulen des Glaubens die Institution Kirche versinnbildlichen. Auch in dieser Darstellung knien Menschen vor dem hohen Würdenträger nieder, vor dem zwei Schlüssel liegen, der Himmelsschlüssel und der Schlüssel zur Erde. Die ganze Abbildung ist von Bewegungslosigkeit gekennzeichnet, ein Fließen des Wissens ist nicht möglich.

Wenn Sie diese Karte ziehen,
sollten Sie sich fragen, wie Sie zu Obrigkeiten, Autoritäten oder Institutionen stehen. Empfinden Sie sich auf gleicher Ebene oder nehmen Sie eine demütige Haltung ein?

Macht es Ihnen vielleicht sogar Angst, Autoritäten entgegenzutreten? Wenn Sie das Gefühl haben, dass gesellschaftliche Autortitätsstrukturen in Ihnen verhaftet sind, so versuchen Sie, diese aufzulösen. Versuchen Sie auch, sich über unterdrückte Hemmungen bewusst zu werden und denken Sie darüber nach, wie Sie sich von solchen Zwängen befreien könnten. Möglicherweise entdecken Sie, dass Sie an vielen Ihrer Beziehungen aus gesellschaftlichen Gründen festhalten.

Haben Menschen in Ihrer Umgebung Schwierigkeiten, Ihnen offen gegenüberzutreten? Seien Sie ehrlich mit sich und fragen Sie sich, wo Sie Macht über andere ausüben. Wie verhalten Sie sich Kindern oder Mitarbeitern oder Ihrem Partner gegenüber?

Wenn Sie sich gerade in einer Situation befinden, in der Sie nach einem Lehrer oder Meister suchen, so seien Sie sich bewusst, dass alles Wissen in Ihnen liegt. Denn die Weisheit wird sich Ihnen von selbst offenbaren, wenn die Zeit dazu reif ist.

Astrologische Entsprechung
Die astrologische Analogie dieser Karte entspricht dem Tierkreiszeichen Stier mit dem dazugehörigen Planet Venus. Stier möchte vor allen Dingen sich selbst sichern, daher

sorgt er, dass die finanziellen Angelegenheiten in diesem Sinne geregelt sind. Oft genießen Stiere einen bestimmten Wohlstand, aus dem heraus sich Macht und Dominanz ableiten. Wenn Sie diese Karte ziehen, dürfen Sie diese Rolle spielen, bedenken Sie aber, dass der Lebensweg eine Entwicklung darstellt.

Die Liebenden - Lovers - Die Liebenden

Die Gedanken streben nach Vereinigung. Auf dieser Stufe weist der Weg die Möglichkeit auf, über die Vereinigung mit dem Du Zugang zur Weisheit zu erlangen.

Im Motherpeace-Bild sind die Liebenden als abstrakte geometrische Figuren dargestellt, eine schwarze und eine weiße, die zueinander streben. Mit dieser symbolhaften Illustrierung der Liebenden soll zum Ausdruck gebracht werden, dass die traditionelle Typisierung von männlich und weiblich als Eigenschaft und nicht geschlechterspezifisch gesehen werden muss. Die Vereinigung ist noch nicht vollzogen, sie wird ersehnt, die beiden Seelen befinden sich in diesem Augenblick auf der Schwelle zur Ekstase - sie stehen vor dem Abgrund, in den sie sich fallen lassen werden. Mit dem Sprung in den offenen Raum wird die völlige Hingabe, das Aufgehen im Du möglich, und die Liebe, die gegeben wird, kehrt sofort zurück in den Kreislauf der harmonischen Schwingungen der beiden Partner. Die Anziehungskraft wirkt unter einer Girlande roter Rosen, dem Symbol für Leidenschaft. Während über den Liebenden ein orangeroter Ball als Zeichen für die Entzückung erstrahlt, breitet sich unter ihnen ein matschig rosafarbener Boden aus, der die Verbindung von Liebe und unbewussten Sehnsüchten und Ängsten kennzeichnet. Eingerahmt wird die Szene von zwei griechischen Vasen, auf denen die Mythen unseres Alltags verbildlicht sind: auf der linken Vase ist ein Held zu sehen, der die Amazonenkönigin erschlägt, es ist dies Achill, der Penthesilea ermordet. Die rechte Vase hingegen ist mit einem glücklichen Paar verziert, der Mann als Verehrer betet die Frau an. Die Karte der Liebenden versinnbildlicht das Vertrauen und das Aufgehen im anderen, losgelöst von stereotypen Rollenverteilungen, entfaltet das Motherpeace-Bild die Kartenqualität durch meditative Farbkombinationen und symbolische Figurenkonstellationen.

Das Rider-Tarotdeck zeigt die Liebenden als Duale, als Adam und Eva, die sich nackt gegenüberstehen. Über ihnen schwebt ein Engel, alles wird von einer großen Sonne überstrahlt. Hinter Eva steht der Baum der Erkenntnis, der von einer Schlange umwunden wird. Adam blickt zu seinem weiblichen Gegenüber, dessen Augen in Richtung Himmel blicken. Die Verbindung mit dem Göttlichen ist für Adam also nur über die Vereinigung mit Eva erreichbar.

Wenn Sie diese Karte ziehen,
steht für Sie das Thema Liebe an. Befinden Sie sich in einer Beziehung, die die Chance zur alles überwindenden Symbiose birgt? Oder sagt Ihnen die Karte, dass die Zeit für eine vielversprechende neue Beziehung günstig ist? Gehen Sie in sich und fragen Sie sich, welche Hoffnung Sie in Bezug auf die große Liebe haben. Möglicherweise spüren Sie gerade jetzt die Sehnsucht nach einer Partnerschaft. Überlegen Sie sich, welche Aktivitäten Sie unternehmen können, um die Kartenqualität umzusetzen. Werden Sie aktiv, damit sich Ihre Träume und Wunschvorstellungen realisieren können. Über die Empfindung der Liebe werden sich Ihnen auch die anderen Sinne öffnen - sie spüren Intensität und die Fülle des Lebens.

Es ist nun auch an der Zeit, intensiv über die eigene Liebesfähigkeit nachzudenken. Seien Sie sich dessen bewusst, dass man die Liebesfähigkeit entwickeln kann. Suchen Sie das Gespräch, um die Beziehung von der Perspektive des Partners aus sehen zu lernen. Respektieren Sie das Anders-Sein des Partners, denn nur über die Spiegelung gelingt Selbsterkenntnis.

Durch die Verbindung mit Dualen erreichen wir höhere Dimensionen, nach denen wir uns alle sehnen. Liebe, dem Göttlichen geopfert, ist der Schlüssel zur Erleuchtung.

Astrologische Entsprechung.
Diese Karte wird dem Tierkreiszeichen Zwillinge als Zeichen der Zweiheit einerseits und Venus andererseits, als Zeichen des Verbindens zur Einheit, nämlich der Liebe, zugeordnet. Mit Ihrer momentanen Offenheit und der Bereitschaft auf andere zuzugehen, stellt diese Karte eine ausgesprochene Glückskarte dar! Seien Sie mutig, nutzen Sie die Gunst der Stunde und genießen Sie das Leben jetzt von seiner schönsten Seite! Vielleicht interessieren Sie sich jetzt auch für die Kunst des Tantra.

Der Wagen - Chariot - Der Wagen

Nach der Vereinigung repräsentiert diese Karte den selbständigen Schritt in die Realität. Die Wagenlenkerin tritt in die Welt und erlangt über das Rad die Verbindung zur Erde wieder.

Im Motherpeace-Bild wird die Wagenkarte durch die triumphierende Amazone repräsentiert, die als die griechische Göttin der Weisheit, Athene, erscheint. Kraft ihres eigenen Willens gelingt es ihr, den Wagen zielgerichtet zu steuern, sie hat ihr Leben in die Hand genommen und setzt zu ihrem Triumphzug an. Das Himmelsgewölbe formt sich in der Person der ägyptischen Himmelsgöttin Nut über die Szene, die den nächtlichen Himmel darstellt. Dreizehn Sterne leuchten darauf, mit denen auf die Mondzahl 13 verwiesen wird. Die verborgenen Sehnsüchte der Nacht kommen durch den Krebs zum Ausdruck, der die Verbindung des Unbewussten mit der in vollem Tagbewusstsein agierenden Wagenlenkerin herstellt. Er symbolisiert aber auch das Schutzschild, das beim Kampf getragen werden kann. In

VII

Der Wagen

ihrer rechten, der aktiven, Hand hält die Wagenlenkerin eine Doppelaxt, die ihre Kraft ausdrucksstark unterstreicht: sie hat die Kontrolle über ihren Wagen, mit ihrem Intellekt kann sie ihre Wünsche und Vorhaben realisieren, nichts steht ihr im Wege. Gezogen wird der Wagen von zwei geflügelten Ziegen, hybriden Wesen, von denen eine nach oben und die andere nach unten schaut. Im Bild findet sich eine scharfe Trennung von oben, dem blauen Himmel, und unten, der grünen Erde; die sichtbare und unsichtbare Welt wird durch den Baum des Lebens verbunden.

Die Wagenkarte des Rider-Tarotdecks zeigt einen Jüngling als Wagenlenker, dessen Unterleib abgeschnitten ist.

Symbolisch betrachtet, ist der Wagenlenker der Geist, der den Wagen - also den Körper - steuert. Durch seinen Geist ist er dazu in der Lage, den Sphinxen, die vor den Wagen gespannt sind, Kommandos zu erteilen. Dies ist ein Bild der Gegensätze, die Sphinxen sind schwarz und weiß, fröhlich und traurig spiegeln sich als Masken auf den Schultern des Jünglings; dieser befindet sich genau in der Mitte zwischen zwei Säulen und strebt nach Einheit.

Wenn Sie diese Karte ziehen,
steht Ihnen ein großes Kraftpotential zur Verfügung, mit dem Sie mutig neue Ziele ansteuern können. Es ist dies ein günstiger Zeitpunkt, um sich über einen Berufswechsel oder einen Wiedereinstieg ins Berufsleben Gedanken zu machen. Die Zeit des Zögerns ist vorbei, Ihre Energie und Ihr unerschütterliches Vertrauen in die Zukunft lassen neue Ziele erreichbar erscheinen. Neues Selbstbewusstsein und Vertrauen in sich selbst erwachen in Ihnen, und Sie werden angesteuerte Aufgaben sicher erfüllen können. Ihre Aktivität verleiht Ihnen ein hohes Maß an Durchsetzungsfähigkeit, das Sie in allen Ihren Lebensbereichen einfließen lassen können. Sie sind in der Lage, autonom und mit hoher Konzentrationsfähigkeit zu handeln. Unabhängigkeit ist Ihre Devise! Die Gefühle dürfen in den Hintergrund treten, solange sie nicht geleugnet werden. Beziehungsfragen können Sie jetzt rational beantworten, Sie haben einen klaren Kopf!

Astrologische Entsprechung
Diese Karte entspricht dem Tierkreiszeichen Jungfrau, die den Menschen befähigt mit dem klaren Verstand die Erfordernisse des Lebens anzugehen und zu meistern. Jetzt gelingt es Ihnen ganz besonders, Herausforderungen anzunehmen,

diese zu strukturieren und Ordnung in unklare Angelegenheiten zu bringen. Das Anpassen an eine neue Umgebung fällt Ihnen mit dieser Karte jetzt leichter.

DIE GERECHTIGKEIT - JUSTICE - DIE GERECHTIGKEIT

Es ist die Zeit des Innehaltens gekommen; die Erfahrungen, die bisher gemacht wurden, werden in ihrem Wert erkannt. Die unbarmherzige Abrechnung zeigt alles auf, was bisher getan oder unterlassen wurde. Man ist sich dessen bewusst, dass alle Gedanken und alle Handlungen dem Gesetz unterworfen sind.

Im Motherpeace-Bild zeigt die Gerechtigkeitskarte drei Figuren, die der skandinavischen Mythologie entnommen sind. Es sind die drei Schicksalsgöttinnen, die Nornen, die nach der Überlieferung über das Schicksal aller, einschließlich der Götter, entscheiden. Auf dem Bild stehen sie unter der heiligen Weltenesche Yggdrasil, an deren Wurzeln sich Quellen befinden, aus denen Wasser entspringt. Eine der Nornen berührt mit ihrer rechten Hand den Baum und mit ihrer linken das Wasser, sie ist das Bindeglied zwischen dem Lebensbaum und der lebensspendenden Quelle, stellt das Gleichgewicht her und wird schließlich eins mit ihnen. Auf der gegenüberliegenden Seite des Baumes berührt die zweite Norne ein Tier, Unterschiede zwischen Mensch und Tier werden aufgehoben, durch die Berührung nimmt sie Anteil an seinem Leben und wird ein Teil davon. Die dritte Norne sitzt ganz still und blickt in das reine Kristall, das sie in ihrer Hand hält. Darin sieht sie nicht nur sich selbst, sondern auch die Zukunft, die Klarheit des Kristalls birgt alles Wissen, und nur sie darf es schauen. Das Bild vermittelt eine harmonische Stimmung, welche die universelle Weltenordnung zum Ausdruck bringt. In diese Ordnung müssen wir Menschen uns eingliedern, als Teile des Ganzen, und wenn Fehler gemacht werden, so müssen sie als solche erkannt und ausgeglichen werden. Harmonie und Ausgleich lautet die Botschaft dieser Kartenqualität.

Im Rider-Tarotdeck ist die Gerechtigkeit die elfte Karte des Großen Arkanums. Die Gerechtigkeit sitzt auf einem Thron zwischen zwei Säulen, mit der rechten Hand hält sie ein Schwert empor, in der linken hält sie eine Waage. Die Waagschalen repräsentieren Balance, das Schwert symbolisiert die Urteilskraft, die für den notwendigen Ausgleich sorgen muss.

Wenn Sie diese Karte ziehen,
sollten Sie darüber nachdenken, ob disharmonische Schwingungen in Ihrer Umgebung Sie belasten. Gibt es ungelöste Konflikte in Ihrem Leben, in Ihrem Umfeld? Empfinden Sie eine Situation als unharmonisch? Stellen Sie die Ursachen fest und tragen Sie zur Harmonisierung bei. Diese Karte zeigt auf, dass es Disharmonie in einem Bereich Ihres Lebens gibt, und wie von einem inneren Gerechtigkeitssinn getrieben, streben Sie nun nach Ausgleich. Sie sind bereit, die Verantwortung für Ihr Handeln zu übernehmen. Wo können Sie für andere einen Ausgleich herstellen? Diplomatie ist nun Ihre Stärke, setzen Sie diese Energie um!

Sie befinden sich in einer Phase Ihres Daseins, in der Sie sich besonders nach Frieden in Ihrer Beziehung, Ihrem Freundeskreis oder Ihrer Familie sehnen. Seien Sie ehrlich zu sich und versuchen Sie zu analysieren, was falsch lief, wenn Sie das Gefühl der Harmonie vermissen. Wie sind die Auswirkungen im Jetzt? Sollte eine Begebenheit sehr belastend sein, so vertrauen Sie auf die Gerechtigkeit, auch wenn es schwer erscheinen mag, alle Ereignisse in ihrem wahren Sinn zu erkennen. Die Ursachen liegen oft weit zurück - Akzeptanz verleiht dem Schicksal die erste Wende.

Mit dieser Karte können Sie ins Gleichgewicht kommen, genießen Sie die friedliche Stimmung!

Astrologische Entsprechung
Die ananloge astrologische Aussage findet sich im Tierkreiszeichen Waage, das alte Symbol für Gerechtigkeit und Frieden. Mit dieser Karte wird Ihnen das Friedenstiften gelingen. Vielleicht kennen Sie jemanden, auf den Sie schon seit einiger Zeit nicht gut zu sprechen sind; diese Karte bittet Sie, mutig zu sein und den ersten versöhnenden Schritt zu wagen!

Die Alte - Crone - Der Eremit

IX

Die Alte

Der Weg führt in die Einsamkeit, der Mensch verspürt den Drang, innerlich frei zu werden und sich von allen Äußerlichkeiten zu lösen. Er gibt die Wichtigkeit seiner Person auf. Es ist der Zustand der Bewusstheit und der Lichterfahrung.

Im Motherpeace-Bild ist die Alte, in der Tarottradition oft auch Eremit genannt, als weise alte Frau dargestellt, bekleidet mit einem lilafarbenen Mantel, womit ihre Macht symbolisiert wird, Heilkräfte an sich selbst anzuwenden und an andere weiterzugeben. In Anspielung auf die griechische Mythologie steht sie für die Hekate, die griechische Göttin der Unterwelt, die über Kräfte verfügt, mittels derer sie den Mond bewegen kann. Über ihr schwebt die Göttin des Nachthimmels, die in ihren Armen den zunehmenden Mond und eine Sternschnuppe, dem Symbol für geheime Wünsche trägt. Die Weise kennt die Geheimnisse des Mondes, die ihr vom Wind zugeflüstert werden, sie weiß den Weg zu den geistigen Reichen, zum Inneren der menschlichen Psyche. Hineinzutauchen in die Dunkelheit, in die tiefsten Schichten des Unbewussten, dies sind die Fähigkeiten der Alten, die den Rückzug freiwillig angetreten ist. Sie schaut die essentiellen Dinge des Seins, da ihr Blick nicht mehr durch störende Einflüsse der Außenwelt verstellt ist. Mit der Alten wird die Weisheit repräsentiert, die man nur in der selbsterwählten Einsamkeit erhalten kann, sie ist die Spinnerin, die den Faden des Lebens spinnt und webt. Im Bild stützt sie sich auf einen Stab, den Spinnrocken der Spinnerin; neben ihr befindet sich eine Statue, die eine präkolumbianische Terrakotta aus Veracruz in Mexico darstellt. Mit emporgehaltenen Armen nimmt diese Figur die traditionelle Pose der Priesterin ein. Das ganze Bild wird von dunklen Farbtönen dominiert, den Farben der Nacht, die es ermöglichen, das Licht der Erkenntnis zu sehen.

Die Karte des Rider-Tarotdecks zeigt einen weisen Alten, einen Laternenträger, der auf der Spitze des Berges angelangt ist. Auf dem Gipfel liegt Schnee, Symbol für die Isolation, in die er sich freiwillig begeben hat. Er durfte die Wahrheit erfahren, die Laterne in seiner rechten Hand steht für das Licht der Erkenntnis, doch muss er den Blick davor wenden.

Wenn Sie diese Karte ziehen,
ist eine günstige Zeit gekommen, um sich zurückzuziehen, in die Stille zu gehen, zu meditieren und den Geist zur Ruhe zu bringen. In diesem entspannten Zustand öffnen sich andere Welten, Zugang zu feinstofflichen Wesenheiten wird ermöglicht, das Licht wird erfahrbar. Integrieren Sie Ruhe und Meditation zukünftig in Ihren Alltag, damit die Bewusstheit zur Entfaltung gelangen kann. Materielle Anliegen sollen jetzt in den Hintergrund treten. Überlegen Sie sich, auf welche materiellen Werte und Gegenstände Sie in Zukunft verzichten können, denn durch Bescheidenheit kann dem Geistigen mehr Raum gegeben werden. Konzentrieren Sie sich auf das Wesentliche!

In dieser Phase der Bewusstwerdung Ihres wahren Seins werden Sie wie von selbst erkennen, dass eine Egoreduzierung nötig ist, um die Wahrheit schauen zu können. Verzichten Sie darauf, Ihr Ego in sozialen Gruppen wie Familie, Freundeskreis oder Partnerschaft durchzusetzen; Sie respektieren die Bedürfnisse der anderen und lassen Sie an Ihrem Weltbild teilhaben. Wenn Sie gerade partnerlos leben, so ist die Zeit ideal, sich selbst zu finden, sich selbst kennen zu lernen und transzendete Erfahrungen zu machen.

Astrologische Entsprechung
Die Karte der Alten entspricht dem Tierkreiszeichen der Jungfrau. Über den Rückzug bringt sie die seelischen Bilder ins Gleichgewicht und erkennt, dass sie auf dem Acker der Erfahrungen geerntet hat, die Weisheit kommt nun zum Tragen. Jetzt kann man Ihnen nichts vormachen. Zusammen mit der Wagen-Karte bilden diese beiden Karten Ihre Wegweiser.

Das Glücksrad - Wheel of Fortune - Rad des Schicksals

Wie in einem Boot sitzend, lässt der Mensch sich treiben. Ereignisse, die schicksalshaft in das Leben treten, führen ihn bis zu den Wurzeln seines Wesens, bis zu seinem tiefsten Inneren und zwingen ihn, eine neue Richtung einzuschlagen. Er erkennt, dass sein Schicksal sich fügt.

Im Motherpeace-Bild stellt das Glücksrad den Zodiak als Geburtshoroskop mit zwölf Häusern dar, die von den verschiedenen Zeichen regiert werden. In der Tarottradition versinnbildlicht das Schicksalsrad den Kreislauf der Ereignisse, die zyklisch wiederkehren und verhindern, dass das Rad zum Stillstand kommt. Die Welt unterliegt einem steten Wandel, in den wir eingebunden sind, als ruhender Pol dient die Nabe in der Mitte des Rades. Das Bild steht für die Prozesshaftigkeit allen Werdens, die zyklische Natur von Zeit, und jeder Abschnitt muss durchlaufen werden. Doch soll hinter den Tierkreiszeichen eine Qualität gesehen werden, aus deren Potential geschöpft werden kann, die einzelnen Positionen suggerieren nicht das Auf und Ab des Lebens, vielmehr bergen sie alle ihre besondere Bedeutung für das individuelle Leben zu einem bestimmten Zeitpunkt. Die Motherpeace-Karte bringt die Symbolhaftigkeit des Glücksrades in Einklang mit der Astrologie. Jedes Haus ist mit einer Göttin aus verschiedenen Kulturräumen illustriert, die für das jeweilige Tierkreiszeichen stehen. Das erste Haus ist der Widder, ein kardinales Feuerzeichen, mit ihm nimmt der Kreislauf seinen Anfang. Auf dem Bild ist er durch eine Frauenstatue auf rotem Hintergrund verbildlicht, die ihren Arm auf die Hüfte stützt; sie ist einer indischen Kupferstatue nachempfunden. Der Kreis schließt sich mit dem zwölften Zeichen, den Fischen, hier symbolisert durch eine Seejungfrau auf grünlichem Hintergrund.

Die Karte des Rider-Tarotdecks zeigt das Rad des Schicksals in der Mitte, umgeben von einer Vielzahl symbolhafter Figuren. Der Stier, der Löwe, der Adler und der Mensch stehen für die vier fixen Zeichen des Tierkreises (Stier, Löwe, Skorpion, Wassermann). Sie alle halten Bücher, die die Weisheit der Zeitalter repräsentieren. Auf dem Rad sind vier Buchstaben zu lesen: T, A, R, O - deren Bedeutung unterschiedlich interpretiert werden kann: Tora, das Gesetz; Rota, das Lebensrad; oder Taro.

Wenn Sie diese Karte ziehen,
bedeutet das, dass Sie die innere Freiheit gewonnen haben, Ihr Leben in die Hände des Schicksals zu legen. Sie akzeptieren die Ereignisse, wohl wissend, dass mit Ihnen etwas Besonderes und Sinnerfülltes geschieht. Es ist ein Ziel erreicht, ein Wunsch wird sich bald erfüllen, Ihre Sehnsucht wird gestillt werden. Sie sind zum Beobachter Ihrer Ereignisse geworden, die sich auf einer neuen Ebene manifestieren werden. Besitzstände haben die Chance zur Erweiterung, Gelassenheit ist Ihre Stärke, die Ihnen den Blick freigibt, um die Möglichkeiten, die das Leben Ihnen bietet, erkennen und nutzen zu können. Möglicherweise warten neue Begegnungen auf Sie, die Ihrem Leben neue Impulse geben. Ihr Entwicklungsniveau wird sich in neuen Bekanntschaften spiegeln.

Auch ist die Zeit günstig, sich intensiver mit den Geheimnissen der Astrologie zu beschäftigen. Geben Sie sich diesen neuen Inspirationen hin, dieses Rad wird Sie in geistige Höhen hieven.

Astrologische Entsprechung
Das analoge Tierkreiszeichen für diese Karte im Zodiak heißt Schütze, das Symbol für Glück, Erweiterung, Philosphie und Einsicht; Offenheit und Freiheitsliebe. Jupiter, der Planet des Schützen, lässt Sie mit dieser Karte neue Einsichten und Erkenntnisse gewinnen. Diese Karte ist Ihre wirkungsvolle Glückskarte! Freuen Sie sich!

DIE STÄRKE - STRENGTH - DIE KRAFT

Auf dieser Stufe steht der Mensch in voller Kraft, er ist dazu in der Lage, geistige und körperliche Kräfte bewusst einzusetzen, zu erleben und zu genießen. Er versprüht seine Vitalität. All-Liebe beginnt zu keimen.

Im Motherpeace-Bild ist die Stärke durch die mythologische Figur der vorkeltischen Braut Birgit dargestellt, die Königin des Feenreiches. Sie sitzt inmitten der Natur Irlands, umgeben von den Schönheiten dieser Landschaft. Auf der einen Seite ist sie die Herrin der Tiere, die zähmende und zivilisierende Kraft, auf der anderen Seite auch die Gleichgesinnte, die sich die Tiere zu ihren Freunden macht. Ihre Stärke liegt im Geist, die sie durch ihre Sanftheit und nicht etwa durch rohe Gewalt erhält. Die irische Feenkönigin sitzt völlig entblößt auf einem Erdhügel, der den Nabel der Welt repräsentiert. Im Hintergrund befindet sich ein Baum, dessen Wurzeln tief in die Erde hineinreichen; schützend erstrecken sich seine blätterreichen Zweige über alle auf der Karte abgebildeten Lebewesen. Zwölf Tiere bereichern die grüne Landschaft, sie alle stehen für eine bestimmte Rolle. So streichelt die Stärke einen weißen Hasen mit ihrer rechten Hand, er symbolisiert die Macht des Nachtbewusstseins; in vielen Kulturen wir das weiße Kaninchen mit Magie und Zauberkraft in Verbindung gebracht. Die zusammengerollte blaue Schlange neben der Feenkönigin steht für die Kundalini oder Lebenskraft, eine Kraft, die geweckt bzw. entrollt werden muss, will man die höchste spirituelle Entwicklungsstufe erreichen. Aus der linken Hand der Birgit straht ein helles Feuer aus, so als sei bei ihr die Kundalini bereits zur Wirkung gekommen. Gleich neben dem Feuer steht ein Wolf, die Stunde des Wolfes wird hiermit angedeutet, der hell leuchtende Vollmond bestätigt diesen Eindruck.

Im Rider-Tarotdeck erscheint diese Karte als Kraft unter der Nummer acht. Eine einfühlsame Frau streichelt hier das Maul eines gezähmten Löwen, über ihr ist das Unendlichkeitssymbol der liegenden Acht abgebildet. Umgeben sind beide von Rosen, Spiegel des Verlangens und der Leidenschaften, die durch den Geist kultiviert werden müssen.

Wenn Sie diese Karte ziehen,
sollten Sie darauf vertrauen, dass das, was Sie sich vom Leben schon immer gewünscht haben, in Erfüllung geht, wenn Sie Ihre ganze Energie und Aufmerksamkeit diesem Wunsche

zuwenden. Spüren Sie, wie die Energie durch Ihren Körper strömen kann und üben Sie diese zu lenken. Während Ihrer Konzentrationsarbeit sollten Sie sich stets erden. Nehmen Sie sich Zeit für diese geistige Arbeit, sie wird Sie in Harmonie versetzen und Ihnen mächtige Gefühle schenken. Der energetische Austausch mit anderen kann ebenso stattfinden. Wenn Sie das Herz geöffnet haben, dann sind Sie fähig, diese Energien mitfühlend auf andere zu übertragen.

Beziehungen können von dieser kraftvollen Schwingung in besonderem Maße profitieren. Setzen Sie Ihre enormen Kräfte verantwortungsvoll ein, denn in Ihrer Verfassung haben Sie Macht über andere. In Ihrer Umgebung können Sie Ihre Kräfte für Heilungen einsetzen.

Beruflich können Sie Höchstleistungen vollbringen. Setzen Sie Ihre Talente bewusst positiv ein und Ihre Umwelt wird es Ihnen danken!

Astrologische Entsprechung

Das analoge Tierkreiszeichen dieser Karte ist Löwe, das Zeichen der Sonne, symbolisiert Kraft, Lebensausdruck und kreative Schöpfungen. Mit dieser Karte haben Sie die Möglichkeit, innovativ zu sein, kreativ zu arbeiten und diese Ideen auch hervorzubringen! Diese Karte wird Sie immer wieder zu neuen Schöpfungsideen anregen!

Die Gehängte - Hanged One - Der Gehängte

Die Zeit des freiwilligen Aufgebens ist gekommen. Die Welt soll von der Perspektive der Vergänglichkeit betrachtet werden. Wenn die Egobegrenzung sich im größeren Selbst verliert, beginnt das innere Licht zu strahlen.

XII

Die Gehängte

Das Motherpeace-Bild unterscheidet sich nicht sehr von den traditionellen Tarotkarten, in denen der Gehängte stets wie ein ruhendes Pendel an einem Baum aufgehängt ist. Befestigt ist er an seinem rechten Fuß, sein linkes Bein ist angewinkelt, seine überkreuzten Beine bilden eine Vier. Die Karte des Motherpeace-Decks zeigt eine entblößte weibliche Person, deren rechter Fuß von einer blauen Schlange umwunden ist, die den Halt am Ast ermöglicht. In der Schlange ist das Symbol der Kundalini zu sehen, der heiligen Kraft. Mit großem Vertrauen in diese Kraft lässt die Gehängte die Dinge geschehen, ihr entspannter Gesichtsausdruck spiegelt ihr Losgelöstsein von weltlichen Problemen und materiellen Sorgen. So repräsentiert diese Karte die freiwillige Aufgabe des Egos, wodurch ein Meer der Gefühle und selbstlose Liebe aus einem herausbrechen wird. Im Bild wird diese Stimmung durch die Leere des Raums, die sich im Blau verliert, zum Ausdruck gebracht. Vom Kopf aus erstrahlt das innere Licht der Gehängten in die Welt hinaus. Mit der dominierenden Farbe blau wird auch eine Verbindung zu Wasser hergestellt, das dieser Karte zugeordnete Element. Die Gehängte lässt sich vollkommen frei und vertrauensvoll in diese Tiefen fallen, auf den ersten Blick scheint sie die Dinge verkehrt zu sehen, doch ist es gerade dieser Perspektivenwechsel, der ihr den Blick für den wahren Kern der Dinge eröffnet. So wie Wasser alle Gegenstände spiegelverkehrt reflektiert, so nimmt auch die Gehängte alles um sie herum auf dem Kopf wahr und sie erkennt, dass die Welt nicht so ist, wie sie an der Oberfläche zu sein scheint.

Die Karte des Ridertarot-Decks zeigt einen Jüngling, den ebenfalls die Aura des Lichtes umstrahlt. Er hängt an einem T-ähnlichen Kreuz, seine Arme hält er hinter dem Rücken verschränkt. Seine Ellenbogen und sein Kopf bilden ein nach unten gerichtetes Dreieck, was als Symbol für Wasser gedeutet werden kann.

Wenn Sie diese Karte ziehen,
befinden Sie sich im Stadium der freiwilligen Hingabe an etwas Größeres. Das Egobedürfnis tritt in den Hintergrund, und Sie beschäftigen sich innerlich mit dem Aufgeben alter Bindungen und Vorstellungen. Es ist die Zeit der Meditation, Spiritualität gewinnt einen weiten Raum. Sie sind in der Lage, sich selbst für Momente zu verlieren.

Sie stehen den Ereignissen des Alltags gelassen gegenüber. Es empfiehlt sich, die Dinge einmal aus einer ganz anderen

Perspektive zu sehen - betrachten Sie Ihre Probleme aus der Umkehrposition! Nehmen Sie in partnerschaftlichen Angelegenheiten den Standpunkt des anderen ein. Beobachten Sie die Veränderungen, die durch diesen Perspektivenwechsel um Sie herum geschehen. Erleben Sie die daraus resultierende innere Ausgeglichenheit und Gelassenheit. Diese neue Sichtweise können Sie in all Ihren Wirkungsbereichen umsetzen. Aus der Position des Beobachtenden fühlen Sie sich gelöst, Stress weicht von Ihnen.

Astrologische Entsprechung
Diese Karte wird dem Tierkreiszeichen Fische und dem Planeten Neptun zugeordnet. Wenn Sie diese Karte gelegt haben, stehen Ihnen jetzt die Türen für hintergründiges Erkennen offen. Transzendente Erfahrungen sind jetzt leichter möglich. Diese Karte unterstützt Sie in Ihrer Meditation. Aber gehen Sie ohne Erwartungen in die Übung, das ist sehr wichtig!

Der Tod - Death - Der Tod

Auf diesem Entwicklungsweg wird der universelle Transformationsprozess völlig bewusst. Die Endlichkeit der Formen wird akzeptiert und zugleich erfahren, dass aus jeder Vergänglichkeit etwas Neues erwächst. Der Geist ist unvergänglich und unzerstörbar.

Im Motherpeace-Bild wird der Tod durch eine sich häutende Schlange und ein Skelett dargestellt. Beide symbolisieren Veränderung und versinnbildlichen die Botschaft dieser Karte: Transformation ist notwendig, damit Neues entstehen

XIII

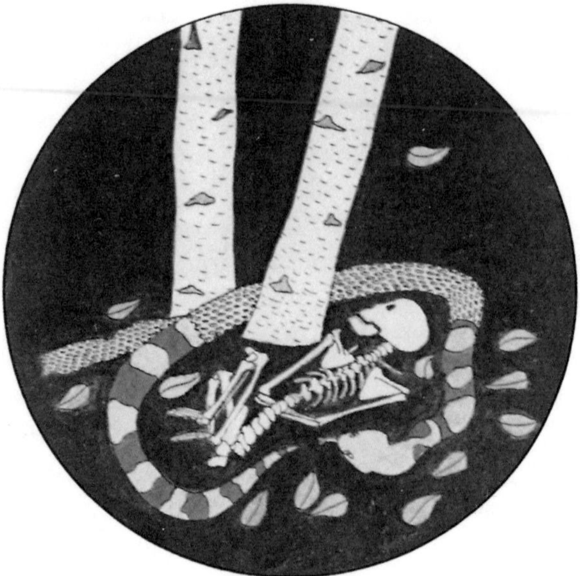

Der Tod

kann. Leben und Tod sind wechselnde Pole desselben Phänomens, Drehtüren zwischen Diesseits und Jenseits. Der Tod muss in seiner Bedeutung verstanden werden, so wie ihn die sich häutende Schlange in der Mitte des Bildes bereits verstanden hat. Sie steht für Erneuerungen, für Zeitpunkte im Leben, da man die alte Haut fallen lassen muss, um der Zukunft frisch, wie neugeboren, ins Auge sehen zu können. Während die Schlange das Zeichen für Wiedergeburt ist, symbolisieren die Knochen den Zerfall, die Überreste des alten Lebens. Hat man dieses hinter sich gelassen, so kann man ein neues Kleid anlegen, das so leuchtend ist, wie das rot-gelbe der Schlange. Ihre neue Haut drückt Lebenskraft aus, Wille und Leidenschaft, deren Farbpracht gegen den dunklen Hintergrund an Intensität gewinnt. Die Grundstimmung wird durch das Braun illustriert, die Finsternis der Nacht, die das Sonnenlicht und die lebensspende Wärme vermissen lässt. Jedoch gehört die Nacht zum Tag, die Sonne wird wieder aufgehen und ihr Licht wird wieder strahlen. In der Tarottradition findet sich die Todeskarte als Nummer dreizehn, eine symbolische Zahl, die bei vielen Menschen ein negatives Gefühl hervorruft. Es ist jedoch eine heilige Zahl, die Dreizehn ermöglicht Transformation und Wiedergeburt.

Die Karte des Rider-Tarotdecks zeigt den Tod als Skelett in schwarzer Rüstung, das auf einem weißen Pferd Einzug hält. Der Tod kommt zu allen, zu Königen, Würdenträgern, Männern, Frauen und Kindern, die am Boden liegen oder knien und die er alle einholen wird. Doch zwischen den beiden Türmen im Hintergrund leuchtet bereits die aufgehende Sonne, die das ewige Leben verspricht.

Wenn Sie diese Karte ziehen,
darf dies nie als Hinweis auf den körperlichen Tod missverstanden werden. Die Karte steht für den Tod alter Lasten und Wiedergeburt: In welchem Bereich sollen Sie Altes aufgeben und einen Neubeginn wagen? Lassen Sie sich auf solche Gedanken des Neubeginns ein, setzen Sie sich damit auseinander, damit der Prozess der Erneuerung fruchtbar beendet werden kann.

Wenn Sie sich von einem Ereignis oder von einer problematischen Erfahrung nur schwer befreien können, so empfiehlt es sich, folgendes zu versuchen: Schreiben Sie der betreffenden Person, die in Ihr Problem verwickelt ist, einen Brief - schreiben Sie sich alles von der Seele und bitten Sie um Vergebung. Nachdem Sie diesen Brief für sich selbst aufmerksam und ehrlichen Herzens gelesen haben, verbrennen Sie ihn und übergeben sie ihn den Flammen. Das Feuer verbrennt die negativen Energien dieser Erfahrung, sie werden aufgelöst und Befreiung wird in Ihnen aufkommen. Danken Sie dem Element Feuer für seine Hilfe.

Es ist nun auch an der Zeit, sich mit den tiefsitzenden Ängsten auseinanderzusetzen, etwas oder jemanden verlieren oder aufgeben zu müssen. Versuchen Sie, von diesen Verlustängsten im Vertrauen an das Schicksal loszulassen, das - wenngleich es oft hart zuzuschlagen scheint - Ihnen für Ihre notwendige Entwicklung nur das Beste in den Weg stellt.

Astrologische Entsprechung
Das analoge Tierkreiszeichen dieser Karte ist Skorpion mit seinem Planeten Pluto. Sie stellen die Symbolik für Sterben und Erneurung dar. Umwandlung ist notwendig, damit unser Wachstum nicht stagniert. Mit dieser Karte können Sie mit Ver- und Umwandlung jetzt besser zurechtkommen als andere Menschen. Es wird Ihnen jetzt leichter fallen, sich auf neue Situationen einzustimmen und neue Wege zu beschreiten.

Die Ausgewogenheit - Temperance - Die Mäßigkeit

An dieser Schwelle erreicht der Mensch die Fähigkeit, seine Körperkräfte und seine geistigen Kräfte zusammenzuführen. Er beherrscht die Kunst der dosierten Anwendung dieser Energien und kann ungefährdet unsichtbare Reiche betreten. Energetische Blockaden lösen sich auf.

XIV

Die Ausgewogenheit

Im Motherpeace-Bild ist die Karte der Ausgewogenheit oder Mäßigkeit, wie sie auch oft genannt wird, durch eine ekstatisch tanzende Priesterin, die Personifiktion der natürlich-weiblichen Heilkräfte, dargestellt. Mit Hilfe des Trancetanzes soll die Hitze des Feuers in ihr wachgerufen werden; durch die Intensität und die Dauer des Tanzes gerät die Priesterin in Ekstase, was einen Ausbruch kosmischer Energien in ihrem Körper bewirkt. Um diese enorme Kraft erden zu können, besitzt sie die Fähigkeit, herausbrechende Energieströme zu kanalisieren und in heilende Energie zu verwandeln. In der Figur der Ausgewogenheit ist die archetypische Heilerin abgebildet, sie ist ein offener Kanal, die mit ihren unermesslichen Kräften umzugehen weiß. Die Kunst des Dosierens ist ihr wohlbekannt, sie findet stets den Mittelweg. Das ganze Bild ist von sanften Wellenbewegungen geprägt, welche die harmonischen Schwingungen symbolisieren, die von der Priesterin ausgehen. Balance zu halten ist ihre Bestimmung, die sie durch den rituellen Trancetanz auszudrücken vermag. Die Motherpeace-Karte erinnert an Riten alter Kulturen, in denen der Tanz als heilbringende Ausdrucksform zelebriert wurde.

Die Karte des Rider-Tarotdecks trägt den Namen Mäßigkeit und zeigt einen androgynen Engel, der am Ufer eines Gewässers steht. Mit einem Fuß taucht er in das Wasser, das Unbewusste, mit dem anderen berührt er die Erde, das Bewusste. In völliger Ausgewogenheit wird Wasser von einem Kelch in den nächsten gegossen, der Kreislauf wird nie unterbrochen. Auf seinem Kopf erstrahlt die Sonne, die ihm Lebenskraft spendet.

Wenn Sie diese Karte ziehen,
befinden Sie sich in einem Stadium der Ausgeglichenheit und Ausgewogenheit, in dem Sie Meister Ihrer Energien sind. Durch Ihr Ruhen-in-sich-Selbst strahlen Sie harmonische Schwingungen aus, die andere Menschen positiv beeinflussen. Sie haben in sich eine Einheit erreicht, die auch in Ihrer Partnerschaft Auswirkungen zeitigen wird. Mit dieser Karte wählen Sie den Pfad der Mitte, Ärger und Disharmonie bleiben Ihnen jetzt erspart. Sie haben das Leben fest im Griff. Durch den gleichmäßigen Fluss aller Körperenergien werden sich glückliche Ereignisse wie von selbst einstellen. Berufliche Erfolge lassen nicht länger auf sich warten. Kosmische Energien können Sie bündeln und gezielt in Ihren

Körper aufnehmen. Es kann sein, dass Sie einen erweiterten Bewusstseinszustand erreichen und Einblick in andere Dimensionen erhalten. Jetzt könnten Sie Ihre Energie auch in Gruppen hineintragen. Besuchen Sie beispielsweise einen Kurs wie Meditatives Tanzen. Erleben Sie die Faszination eines Trancetanzes, Ihre momentane Verfassung wird Ihnen leicht Zugang zu diesem Erlebnis verschaffen.

Astrologische Entsprechung
Das analoge Tierkreiszeichen dieser Karte ist Schütze mit dem Planeten Jupiter. Hier zeigt auch der Zodiak die Ausgewogenheit, kosmische Energien zu kanalisieren und ausgleichend zu erden, an. Der Schütze symbolisiert Offenheit und Feuer. Diese Karte wird Ihnen das Fließen der Energie ermöglichen und Selbstbegrenzungen auflösen. Sie spüren das Feuer in Ihnen, mit dieser Karte können Sie Meister der kosmischen Energien werden. Erquicken Sie sich daran!

Der Teufel - Devil - Der Teufel

Nach der Ausgeglichenheit begegnet dem Menschen nun der Satan in Form verlockender Materie. Es locken Versuchungen, von denen man glaubte, man hätte sie bereits überwunden. In diesem Stadium kennt der Mensch die Gesetze der Materie, er muss sich aber vor deren negativer Manifestation in Acht nehmen.

Im Motherpeace-Bild ist der Teufel symbolisch in Form einer hierarchisch strukturierten Pyramide dargestellt. Diese versinnbildlicht ein gesellschaftliches Organisationsprinzip, das vom Menschen künstlich geschaffen wurde und

XV

Der Teufel

die Naturgesetze ignoriert. An der Spitze befindet sich der Herrscher, seine Untergegebenen erhalten ihren Status dadurch, dass sie seine Befehle ausüben. Auf der linken Seite der Pyramide tauschen zwei der Höhergestellten Goldmünzen aus, Symbole für materielle Macht, nur über sie führt der Weg nach oben. Auf der untersten Stufe hingegen opfert eine Mutter ihr Kind dieser Befehlskette - ein Zeichen der Grausamkeit dieser Gesellschaftsstruktur. Alle Menschen auf diesem Bild sind angekettet, gefesselt in ihrer Rolle, die sie in diesem Gefüge innehaben, mit Ausnahme der Amazone, die auf der untersten rechten Stufe ihre Kette durchbrochen hat. Wegen dieser Befehlswidrigkeit wird sie von den bewaffneten Soldaten bekämpft.

Hinter dem mächtigsten Mann befindet sich eine große Uhr als Zeichen für die Versklavung der Menschheit in einem System, in dem auf Kosten vieler zum Gewinn einiger weniger Privilegierter gearbeitet wird. Die Mächtigen werden von reinem Egoismus angetrieben, ihre Position zu verteidigen und die Kleinen niedrig zu halten; das Bild ist in düsteren Farben gehalten, die die Ängste und negativen Gefühle ausdrücken, welche in einer solchen Hierarchie entstehen.

Die Karte des Rider-Tarotdecks zeigt den Teufel in traditioneller Form als Figur mit Ziegenkopf und Fledermausflügeln, menschlichen Händen und Vogelfüßen. Vor ihm stehen Adam und Eva, die an Ketten gefesselt sind; beide tragen Hörner auf ihren Häuptern, ihre Fesseln sind nicht fest, man könnte sogar den Eindruck gewinnen, als würden sie sich amüsieren. Trotz der dunklen Grundstimmung, die durch die dominierende Farbe schwarz zum Ausdruck kommt, fordert diese Karte zur Heiterkeit und Freimachen menschlicher Zwänge auf. Über dem Kopf des Teufels schwebt ein umgekehrtes Pentagramm, Symbol für schwarze Magie. Der Teufel selbst ist ein Trugbild, in ihm sind falsche Illusionen und Fehleinschätzungen verkörpert.

Wenn Sie diese Karte ziehen,
werden Sie feststellen, dass Sie durch Ihre Fähigkeit, sich in der Materie erfolgreich zu behaupten, die materiellen Angebote der Welt besonders reizen. Welches Spiel spielen Sie? Sicherlich existiert der Teufel in allen von uns, aber diese Karte zeigt Ihnen auf, dass er durch konzentriertes Erforschen der eigenen Person ausgetrieben werden kann. Konfrontieren Sie sich ehrlich mit Fragen wie:

Können Sie Neid oder Geiz in Ihnen feststellen? Wie wichtig sind Ihnen Besitztümer? Erleben Sie sich in bestimmten Situationen eifersüchtig?

Jegliches Anhängen verursacht ein Angekettetsein. Woran ketten Sie sich? Es ist Ihre eigene Entscheidung, ob Sie sich befreien oder nicht. Denken Sie daran, dass jegliche Form des Egoismus andere schnell verletzt. Glauben Sie daran, dass Dinge auch anders gehandhabt werden können und visualisieren Sie neue Lösungen ohne hierarchische Muster. Arbeiten Sie an positiven Veränderungen. Wenn Sie Ihre Schwachstellen entdeckt haben, ist der erste Schritt zur bewussten Meisterung getan.

Astrologische Entsprechung
Das analoge Tierkreiszeichen im Zodiak ist Steinbock mit dem Planet Saturn, der einerseits für Erfolg in der Materie, für Machtpositionen, in denen leicht der Blick für das Ganze verloren gehen kann, steht, andererseits für Konsequenz, Verantwortung und Ausdauer. Wenn Sie eine Steinbockbetonung, d.h. Aszendent oder Sonne Steinbock, in Ihrem Horoskop haben, kann es Ihnen jetzt leicht gelingen eine verantwortungsvolle Position zu übernehmen. Setzen Sie die Qualitäten dieser Karte bewusst positiv ein, und der Erfolg wird auf Ihrer Seite sein.

Der Turm - Tower - Der Turm

Auf dieser Stufe ereignet sich ein Zusammenbruch, der in die äußersten Schichten des Seins hineingreift und das ganze äußere Leben in Frage stellt. Die negativen Aspekte des Egos werden zerstört, es muss neu begonnen werden.

XVI

Der Turm

Für diesen Neuanfang müssen unter größter Anstrengung alle noch vorhandenen Kräfte zusammengefasst werden.

Im Motherpeace-Bild des Turmes ist eine Priesterin dargestellt, die mit ihren bloßen Händen Blitze abfängt. Im traditionellen Tarot steht der vom Blitz getroffene Turm für eine plötzliche Veränderung, der eine tiefgreifende Erkenntnis und gleichzeitige Erschütterung vorausgeht. Die Erleuchtung kommt von oben, wie ein Blitz aus heiterem Himmel findet eine völlige Umwälzung statt, die das menschliche Bewusstsein von selbstgeschaffen Göttern trennt und zur wahren göttlichen Natur zurückführt. Im Motherpeace-Bild wird diese blitzartige Bewusstseinsveränderung durch eine

Zwischeninstanz, die Priesterin, kanalisiert, sie ist eine Schamanin, die die Kräfte besitzt, mit solch unglaublichen Energien umzugehen. Auch von ihrem Kopf strahlt sie Feuer aus, das ihre schöpferischen Fähigkeiten versinnbildlicht. Unterhalb des Turmes befinden sich Menschen, darauf wartend, in die Boote einsteigen und zu neuen Ufern aufbrechen zu können. Mit dem Feuer, das neben ihnen hell auflodert, wird alles Alte verbrannt, der Weg führt in eine neue Zukunft, hinaus in das tiefe Blau des Ozeans. Die Wanderungsmetapher findet ihren Ausdruck in dem Hopi-Wanderungs-Symbol, die Doppelspirale mit zwei Spinnen, das in den rot-braunen Boden gezeichnet ist. Am Himmel verdeckt der Vollmond die Sonne - die vorübergehende Finsternis wird jedoch den hellen Sonnenstrahlen weichen.

Die Karte des Rider-Tarotdecks zeigt die düster anmutende Vision des in Flammen aufgehenden Turms. Ein Mann und eine Frau werden herausgeworfen, sie stürzen zu Boden, ein Bild für falsche Ideen, die aus dem Bewussten und dem Unbewussten kommen und von denen wir uns trennen müssen. In dieser Karte wird eine Anspielung an die biblische Legende des Turmbaus zu Babel gesehen, das gewaltige Bauwerk stürzt zusammen, und die sich selbst als Götter ansehenden Bauherren erleben den tiefen Fall. Auf dem Bild befinden sich zweiundzwanzig Flammenzungen, die für die zweiundzwanzig Buchstaben des Alphabets stehen.

Wenn Sie diese Karte ziehen,

sollten Sie dies als Anstoß deuten. Diese Karte will Sie darauf aufmerksam machen, dass es in Ihrem Leben Aspekte gab, die nicht echt und ehrlich waren. Fragen Sie sich, welche Lebensbereiche nur auf Illusionen gründen.

Eine Veränderung steht an, lassen Sie sie zu und bereiten Sie sich auf eine neue Zukunft vor. Es ist die Zeit der klaren Erkenntnis und des Umbruchs. Sie werden transformiert; lassen Sie es geschehen, entspannen Sie sich und sparen Sie Ihre Energien. Denn Ereignisse, die auf uns hereinbrechen, können oft nicht von uns beeinflusst werden! Sie werden zum Beobachter Ihres eigenen Schicksals. Ereignisse können blitzschnell auftreten, seien Sie auf Umbrüche gefasst! Doch die Konsequenzen sind von Dauer. Ihr höheres Selbst übernimmt die Führung und geleitet Sie sicher zur neuen Erkenntnis. Dies kann bedeuten, dass Sie Ihren Partner mit neuen Augen sehen oder zu materiellen Dingen eine neue Sichtweise entwickeln. Der geistige Weg wird größere Bedeutung in Ihrem Leben einnehmen. Sie erfahren, dass die Seele unsterblich ist.

Astrologische Entsprechung
Das analoge Tierkreiszeichen dieser Karte ist Widder und der Planet Mars. Mars steht für plötzlich auftauchende, richtungslose Energie; diese Kraft kann befruchtend und zerstörend wirken. Passen Sie aber auf, dass Sie Ihre Energie jetzt nicht destruktiv verwenden! Suchen Sie den Planeten Mars in Ihrem Horoskop, dann wissen Sie, in welchem Lebensgebiet die Aggression lauert.

Der Stern - Star - Der Stern

Auf dieser Stufe wird plötzlich die wahre Natur des Seins erkannt. Der Mensch ist wie ein leuchtender Stern am finsteren Himmel und erkennt die Notwendigkeit, dass Heilung stattfinden muss, er nimmt diese Aufgabe bewusst und mit Freude an.

XVII

Der Stern

Im Motherpeace-Bild des Sterns wird das Eintauchen in Wasser als ein uraltes Heilungszeremoniell verbildlicht. Mit ihren sanften Farbtönen setzt diese Karte die sprichwörtliche Ruhe nach dem Sturm illustrativ um, wie ein Nebel steigt Gnade empor. Die in magischen Mineralwassern badende Priesterin verströmt Licht, das ebenso hell leuchtet, wie das der Sterne am Himmel. Durch die reinigende Wirkung der Quelle werden Körper und Seele von Ängsten und Sorgen befreit, der Gesichtsausdruck spiegelt diese Befreiung und lässt erkennen, dass sich jede Pore der heilenden Kraft des Wassers öffnet. Der Teich wird von Steinen umrandet, die einen schützenden Kreis um die Priesterin bilden. Über ihrem Kopf schwebt ein

Adler, Symbol des Geistes, der aus diesem geschützten Rahmen so hoch wie ein Adler in die Lüfte entschweben kann. Auf einem der Steine sitzt ein Frosch, das Tier, das für Umwandlung und Wiedergeburt steht. Rund um den Teich wachsen Pflanzen, Rohrkolben und Maiglöckchen, die die irdische und spirituelle Natur der Badenden versinnbildlichen. Am oberen Rand des Bildes leuchtet der Stern Sirius, der hellste Stern, der am Himmel zu sehen ist.

Im Rider-Tarotdeck zeigt die Karte des Sterns eine nackte Frau, die Wasser aus zwei Gefäßen gießt. Die Frau steht für das Unbewusste, die ihr Wissen verströmt. Mit einem Bein kniet sie auf dem Boden und hält so Verbindung zur Erde, mit einem Fuß berührt sie das Wasser und stellt den Kontakt zum Unbewussten her. Über ihr leuchtet ein großer Stern, der von sieben kleinen Sternen eingezäunt wird.

Wenn Sie diese Karte ziehen,
steht eine Zeit der Entspannung, des liebevollen Betrachtens und der Freude an. Vielleicht möchten Sie in einer Gruppe diese Freude mit anderen teilen und Ihre Energien verströmen. Sie tauchen ein in die schönen Seiten des Lebens. Lassen Sie andere an Ihrem inneren Reichtum teilhaben, laden Sie sich Freunde ein, schaffen Sie sich ein schönes Ambiente und genießen Sie die Schönheiten, die die Natur bietet.

Partnerschaften können in dieser Zeit der Entspannung durch Ihre positive Ausstrahlung profitieren. Wenn Sie sich nach einer neuen Beziehung sehnen, so seien Sie sich bewusst, dass Sie auf andere jetzt besonders anziehend wirken. Ihre harmonisierende Ausstrahlung wird sich auf allen Ebenen manifestieren. Materielle Probleme treten in den Hintergrund - erfahren Sie die Grenzenlosigkeit des Seins!

Astrologische Entsprechung
Wassermann, als astrologisches Zeichen dem Stern zugeordnet, ist das feste Luftzeichen des Wasserträgers und repräsentiert Harmonisierung und Ausgleich von Polaritäten. Mit dieser Karte wird es Ihnen besonders gut gelingen, in die Grenzenlosigkeit des Seins einzutauchen und schöpferisch wirksam zu werden. Achten Sie auf Ihre innere Stimme, sie könnte Ihnen jetzt jenseitige Weisheiten kundtun. Im freundschaftlichen Zusammensein können Sie jetzt viel Hilfe erfahren! Suchen Sie den Uranus in Ihrem Horoskop.

Der Mond - Moon - Der Mond

Auf dieser Bewusstseinsstufe steht der Mensch an der großen Schwelle zwischen Leben und Tod. Er zieht sich in die innerste Tiefe seines Wesens zurück und verdaut und verarbeitet alles, was mit ihm in diesem Leben geschah. Er erkennt, dass der ganze Weg beleuchtet ist und dass das Licht nie wirklich verloren gehen konnte.

Im Motherpeace-Bild des Mondes werden die dunklen Reiche des Imginären symbolisiert, die Mysterien der Nacht, in welche die abgebildete Frau gerufen wird. Mit geschlossenen Augen und offenen Sinnen ist sie bereit, die Reise ins Unbewusste anzutreten. Die herumschwirrenden Phantome stehen für Visionen und Illusionen, die dem menschlichen Geist entspringen; das negative Potential, das solchen Gedanken innewohnt, wird in den Raum projiziert und verdichtet sich zu einer Kraft, die auf der Astralebene zur Enfaltung kommt. Diese Ebene zu betreten bedeutet, dem Ruf in die Finsternis zu folgen, wie es die Karte mit ihren

XVIII

Der Mond

meergrünen Farbtönen zum Ausdruck bringt. Dargestellt wird eine schamanistische Berufung, das Boot wartet darauf, die Schamanin über die Schwelle zu anderen Welten zu führen. In diesen Reichen lauern jedoch Gefahren, weshalb sie die Mondgöttin um schützenden Beistand bittet. Diesen Schutz findet sie durch die römische Göttin Diana, deren Haupt in der Mitte des Bildes strahlt, eingerahmt von einem abnehmenden und einem zunehmenden Mond. In ihrer Farbsymbolik veranschaulicht die Karte den Einfluss, den der Mond als Regent aller Flüssigkeiten nicht nur über die Gezeitenströmungen, sondern auch über unsere Körperflüssigkeiten ausübt. Von ihm werden wir in die Tiefe gezogen, vor der wir Angst haben, zugleich verspüren wir aber auch eine Sehnsucht, in sie einzutauchen. Die Botschaft der Motherpeace-Karte des Mondes lautet, unbewusste Ängste fallen zu lassen, denn es gibt nichts zu fürchten, außer der Furcht selbst. Das Labyrinth, versinnbildlicht durch die Doppelspirale, soll im Vertrauen auf göttliche Führung betreten werden.

Die Karte des Rider-Tarotdecks zeigt einen langen, schmalen Pfad, der in die Dunkelheit der Nacht führt. Der Mond wirft sein Licht auf diesen Weg. Im Vordergrund befindet sich Wasser, aus dem ein rötlicher Krebs steigt, das rückwärtslaufende Schalentier, Sinnbild eines Wesens, das das Vorwärtsstreben scheut und in die Tiefen flieht. Zwei Pfosten rahmen den Mond ein, der eine repräsentiert das Bewusste, der andere das Unbekannte, die Mysterien der Nacht. Ein Hund und ein Wolf bellen in der Finsternis, Symboltiere nächtlicher Mächte.

Wenn Sie diese Karte ziehen,
sollten Sie sich genauer mit dem Unterbewusstsein beschäftigen. Die Tiefe der Seele sollten Sie mit geschlossenen Augen und hellwachen Sinnen ergründen. Dies geht einerseits über einen regelmäßigen Rückzug in Ruhe und Gebet oder über die Traumarbeit. Es ist die Zeit der Gefühle, der Sehnsüchte und der Phantasien. Nutzen Sie die aus Ihrem Unterbewusstsein aufsteigenden Bilder, die Ihnen tiefe Weisheiten vermitteln können und überlegen Sie, was diese Ihnen verständlich machen wollen. Wenn Sie ein bestimmtes Problem schon seit längerem begleitet, müssen Sie sich jetzt die Zeit nehmen und versuchen, dem wahren Ursprung auf den Grund zu gehen. Wenn es Ihnen gelingt, die betreffende Situation ein zweites Mal zu durchleben und

dadurch das Erlebte vom Unbewussten an die Oberfläche holen, kann Heilung geschehen. Beobachten Sie auch Ihre Träume, versuchen Sie die Symbole zu entschlüsseln und das Geträumte in Ihr Tagesbewusstsein einzuordnen.

Inspirieren Sie Ihren Partner mit neuen Ideen und nutzen Sie die Zeitqualität, um Ihr Zusammenleben fantasievoller zu gestalten! Gehen Sie bei all Ihren Vorhaben gründlich in die Tiefe, denn dies ist die Zeit, Zugang zur Quelle der Inspiration und Imagination zu erlangen.

Astrologische Entsprechung

Das analoge Tierkreiszeichen dieser Karte sind die Fische mit dem Planet Neptun. Sie symbolisieren Transzendenz, Unbewusstes und Sensibilität. Mit dieser Karte wird Ihnen der Zugang zum Jenseitigen nicht verschlossen bleiben, wenn Sie sich eine Zeit des Rückzuges und der Besinnung gönnen. Diese Karte weist darauf hin, dass Sie im Stande sind, Ihr Bewusstsein zu erweitern und tiefere Zusammenhänge zu erkennen.

DIE SONNE - SUN - DIE SONNE

Wenn das Stadium der Sonne erreicht wurde, wandelt sich die Seele und wir erleben uns nur noch als Teil des Ganzen, Schuld existiert nicht mehr. Kategorisierungen und Verurteilungen anderer existieren nicht mehr. Werden wie die Kinder.

Im Motherpeace-Bild repräsentiert die strahlende Sonne die Bewusstheit, durch die das Leben verstanden und in all seiner Fülle wertgeschätzt wird. Das dunkle Tal der Nacht ist durchschritten, die lebensspendenden Sonnenstrahlen erwecken den Geist der Menschen, wodurch sie erkennen, dass sie Teile

XIX

Die Sonne

einer universellen Einheit sind. Die notwendige Transformation, welche die Überwindung der Egobegrenzung und Egozentriertheit mit sich bringt, hat stattgefunden, im Bild kommt dieser Zustand durch das Dreieck der Harmonie zum Ausdruck, das von Menschen geformt wird. Künstlich geschaffene Grenzen sind aufgehoben, Schwarze und Weiße berühren sich, es entsteht eine Gemeinschaft zwischen allen Wesen dieser Erde. Die auf der Karte abgebildeten Menschen und Tiere vermitteln einen fröhlichen und spielerischen Eindruck, sie sind befreit von äußeren Zwängen, da sie sich dem Göttlichen in ihnen selbst öffnen. Es ist das Spiel freier Menschen und freier Tiere, geprägt von Spontaneität und Ausgelassenheit. Das kabbalistische Zahlensymbol für Sonne ist die

Sechs, das sich auch auf der Sonnenkarte findet: sechs Menschenwesen reichen sich die Hände, drei Tiere und drei Ballons sind abgebildet. In der Mitte schwebt ein Schmetterling, Sinnbild für Wiedergeburt und Schönheit. Die Karte fordert dazu auf, dass wir uns wie die Schmetterlinge entpuppen und zu strahlenden, glücklichen Wesen werden.

Die Sonnenkarte des Rider-Tarotdecks lässt eine Sonne mit Gesicht hoch am Horizont erstrahlen. Unter ihr reitet ein nacktes, glückliches Kind mit Blumengirlanden und einer roten Feder auf dem Haupt auf einem weißen Pferd, es kann als Symbol der Wahrheit gesehen werden, die durch die Sonne zum Vorschein kommt. Sonnenblumen wenden sich der Energie der Sonnenstrahlen zu, die ihre Wärme dem ganzen Planeten spenden.

Wenn Sie diese Karte ziehen,
können Sie sich freuen! Die Sonne spendet Segen und Wärme, baden Sie sich in ihr! Die aus Ihnen strahlende Wärme ist selbstlose Liebe, die auch andere Menschen verändert. Ihr Herz öffnet sich, Verständnis und Empathie quillen heraus. In diesem Zustand können Sie auf sensible Weise höchste Verantwortung übernehmen. Sie nehmen sich selbst und die anderen liebevoll an und spüren die göttliche Gegenwart. Ihr Licht wird Sie führen. Sie sind aufgeschlossen und genießen glückliche Stunden. In der Partnerschaft herrscht Harmonie, Geben und Nehmen stehen im Einklang.

Moralische wie materielle Wertmaßstäbe werden fallen gelassen, alles ist gut, wie es ist. Das Leid anderer berührt Ihr Herz und Ihre liebenden Sonnenstrahlen erwärmen Ihre Mitmenschen. Ihr Körper wird feinstofflicher und Sie verstehen, dass er der wahre Tempel Gottes ist.

Astrologische Entsprechung
Das analoge Tierkreiszeichen ist der Löwe mit seiner Sonne. Das Sonnensymbol wird hier auf eine höhere Ebene transformiert. Die tieferen Schichten der Sonnenqualität, wie Wärme und Mitgefühl, kommen zum Ausdruck. Lesen Sie die Informationen zu Ihrem Sonne-Sternzeichen und leben Sie die liebevollen Aspekte Ihrer Individualität!

Das Gericht - Judgement - Das Gericht

Auf dieser Entwicklungsstufe wird das Ich-Bewusstsein aufgegeben, alle Trennungen sind überwunden, Begrenzungen durchbrochen, Wände niedergerissen. Das Menschenbewusstsein zentriert sich im Herzen, der Mensch entfaltet ungeahnte Kräfte und setzt sie ein, wo Hilfeschreie darauf warten, gehört zu werden.

Im Motherpeace-Bild wird das Gericht symbolhaft in abstrakten Formen dargestellt. Einer meditativen Inspirationszeichnung gleich, muss die tiefe Bedeutung dieser Kartenqualität erst entschlüsselt werden. Auf dem Kreuz der vier Elemente der Erde balanciert der Geist; aus der Mitte dieser Figur, dem diamantenen Herzen, strömt ein farbenprächtiger Regenbogen, auf dem die transparente Erdkugel erscheint. Dieses Bild veranschaulicht einen völlig entpersonifizierten Bewusstseinszustand, das Selbst zieht sich mit dem Regenbogenlicht in die Mitte des Seins zurück. Es findet eine Rückkehr in die Ganzheitlichkeit der Welt statt. Mit ihrer harmonischen Farbkombination setzt diese Karte das Gericht als liebevollen Augenblick der Wahrheit um, es ist nichts zu spüren von einem furchterregenden Eingreifen einer höheren Ge-

XX

Das Gericht

walt, die Gut von Böse trennt. Ganz im Gegenteil spricht aus dieser illustrativen Interpretation die Sprache des Herzens, das einzige Mittel, das uns zur Verfügung steht, um gegen die Ungerechtigkeit, den Hass und die Zerstörung auf Erden anzukämpfen. Die bedeutende Botschaft dieser Karte lautet, dass wir uns in Liebe selbst vergeben müssen, uns selbst von Sünden befreien müssen, um im Frieden mit uns, der Welt und dem Kosmos leben zu können. Wir müssen ein Verständnis für Ursache und Wirkung entwickeln und erkennen, dass das Schicksal einer Person untrennbar mit den Schicksalen aller anderen Menschenwesen verbunden ist. Erst dann wird die Lebenskraft in all ihrer Schönheit auf diesem Planeten scheinen und Heilung bringen.

Im Rider-Tarotdeck ist das Gericht traditionell als Ruf zum Jüngsten Gericht dargestellt. Am Himmel trompetet der Erzengel Gabriel und alle, die bereit dazu sind, die Wahrheit zu hören, erheben sich aus ihren steinernen Särgen, die die Sterblichkeit versinnbildlichen. Im Vordergrund erheben sich ein männliches und ein weibliches Wesen sowie ein Kind, was als Symbolik für die drei Stufen des Bewusstseins gedeutet werden kann.

Wenn Sie diese Karte ziehen,
werden Sie in die Welt hinaustreten, um selbstverantwortlich Entscheidungen zu treffen und Handlungen auszuführen, die anderen Menschen zugute kommen. Das Wesen von Anderheiten wird von Ihnen verstanden, Unvollkommenheiten verurteilen Sie nicht. Sie sind bereit, alles zu geben, im materiellen wie im geistigen Sinne. Einzig dem universellen Gesetze verpflichtet, tanzen Sie den Tanz zur Verschmelzung mit dem Dual und weiter zur Seelenfamilie.

Sie sind geeignet, ein soziales Projekt zu gründen und Licht in die Welt zu tragen. Persönliches Leid verschwindet, Ihre Kräfte strömen aus einer schier unversiegbaren Quelle.

Es ist die Zeit, vergangene Fehler sich selbst und anderen zu vergeben, sich ganz zu öffnen und ehrlich im Umgang mit anderen zu leben. Sie erkennen den Sinn hinter den Abläufen auf unserer Erde und tragen dazu bei, mit Liebe Wunden zu heilen.

Astrologische Entsprechung
Das analoge Tierkreiszeichen dieser Karte ist Steinbock mit dem Planeten Saturn, das Zeichen für das Gesetz und den Ausgleich. Sehen Sie nach, wo bei Ihnen im Horoskop der

Saturn steht, er gilt als karmisches Zeichen und zeigt, wo Ihnen Ausgleich gelingen kann. Dies kann jedoch für uns auch schmerzhaft sein, aber wenn wir, die Gerechtigkeit ahnend, akzeptieren, liegt die halbe Wegstrecke schon hinter uns.

Die Welt - World - Die Welt

In diesem Stadium hat die Seele ihre Vollendung erreicht, sie ist Teil des gesamten Kosmos, vereint mit ihrem Dual tanzt sie den Tanz der ewigen Glückseligkeit.

Im Motherpeace-Bild der Welt wird eine tanzende Frau gezeigt, die Personifikation der Motherpeace Botschaft. Sie ist die Große Mutter, in ihrem ekstatischen Tanz spiegelt sich die energetische Kraft, die ihr durch die Erweckung der Kundalini zu höheren Zentren verliehen wurde. Ihre Bewegungen folgen dem eigenen Rhythmus, eine vollkommene Befreiung von alten Banden und belastenden Gedanken ermöglicht das Lösgelöstsein und den Tanz in den offenen Raum, symbolhaft durch die türkise Hintergrundfarbe dargestellt. In ihren Händen hält sie eine Fackel und ein Tamburin. Da die Gehirnhälften die jeweils entgegengesetzten Seiten steuern, symbolisiert das Feuer in der rechten Hand das aktive Bewusstsein der linken Gehirnhälfte, das Musikinstrument in der linken die schöpferische Qualität der rechten Gehirnhälfte. In der Person der Welt werden beide Seiten ausgeglichen und gleichermaßen benutzt. Um sie herum bildet ein Menschenkreis einen magischen Ring, der das zyklische Leben repräsentiert und die Einheit der verschiedenen Rassen im Bild umzusetzen versteht. Alle Menschen dieser Welt sind an dem Energiekreis beteiligt, der die Welt umspannt; als Willkommensgruß verbindet eine Blumengirlande die Tänzerin mit den Menschen. Diese Kartenqualität bringt den erhofften Frieden auf die Welt, das Dasein kann in immerwährender Harmonie gefeiert werden.

Die Karte des Rider-Tartodecks zeigt ebenfalls eine schöne Frau, die die Welt repräsentiert. Ihr Unterleib ist jedoch durch eine Stola verdeckt, dahinter verbirgt sich ein androgynes Wesen, Adam und Eva sind für immer vereint. In den Ecken befinden sich die Symbole der vier fixen Zeichen des Tierkreises: Stier, Löwe, Adler (Skorpion) und Mensch

(Wassermann). Auch in diesem Bild wird durch den Tanz der nie enden wollende Zyklus des Seins versinnbildlicht.

Wenn Sie diese Karte ziehen,
leben Sie in einer Einheit mit sich und der Welt. Polaritäten sind aufgehoben und Streit gibt es nicht mehr. Eine lange Wegstrecke liegt hinter Ihnen, bewusst können Sie neue Aufgaben zum Wohle der Gemeinschaft anvisieren. Es ist die Zeit der großen und weisen Einsichten, für Ihre Mitmenschen sind Sie ein guter Ratgeber. Sie erfahren Wahrheiten, die sich nur schwer in Worte kleiden lassen. Sie lassen sich von innen heraus führen und folgen Ihrem Temperament.

Sie spüren, dass alles in Ihnen ist, wonach Sie immer außerhalb von sich gesucht haben und wissen, dass die Erfüllung aus Ihrer eigenen Quelle kommt. Jetzt schwingen Sie im harmonischen Energiefeld aller Friedliebenden, Sie sind Teil des Ganzen geworden. Ihre Aufgabe besteht nur noch darin, das Licht auf der Erde zu verbreiten und zu vermehren!

Astrologische Entsprechung
Jupiter und Saturn in Konjunktion: Die beiden Planeten entsprechen den Zeichen Schütze und Steinbock, eine astrologische Verbindung, die auf die Geburt eines Avatars oder eines Menschen, der der Welt eine inspirierte Botschaft bringt, hinweist. Diese Karte deutet die Vollendung an. Sie sind ein Berufener!

Die Kleine Arkana - unser Alltag im Bild

Mit der Karte der Welt wurde der kosmische Zyklus, den die Große Arkana repräsentiert, geschlossen. Die zweiundzwanzig Karten weisen alle einen archetypischen Charakter auf, ihre Symbolhaftigkeit greift tief in die seelischen Bewusstseinszustände der menschlichen Existenz ein. Das Tarot hält aber noch weitere 56 Illustrationen bereit, die Kleine Arkana. Sie spiegeln Szenen, die uns aus unserem täglichen Leben wohl bekannt sein dürften. So sollte der Zugang zu ihnen nicht schwerfallen, nehmen Sie sich Zeit und stellen Sie sich vor, Sie würden an den dargestellten Szenen teilnehmen.

In der Kleinen Arkana des Tarots wird gemeinhin die Vorläuferin moderner Spielkarten gesehen. Die Unterteilung verläuft in vier Reihen, hierzu gehören die Zahlenkarten von eins bis zehn sowie die vier Hofkarten. Was bei den Kartenspielen das Kreuz, entspricht im Tarot dem Symbol der Stäbe, die Herzen finden sich im Symbol der Kelche, Pik entspricht den Schwertern und Karo den Scheiben (Münzen). König, Königin, Ritter, Bube (Page) bilden im Tarot die Hofkarten, die wie bei den bekannten Spielkarten in allen Symbolen bzw. Farben zu finden sind. Lediglich der Ritter enthält keine Entsprechung in modernen Kartenspielen. Wenn wir uns die Situation eines traditionellen Kartenspiels vor Augen führen und uns vorstellen, wir wären einer der Mitspieler, so lässt sich die Bedeutung der Karten der Kleinen Arkana leicht erklären. Die erste der zehn Zahlenkarten bezeichnet das As, sie besitzt den größten Wert, mit ihr können alle anderen „gestochen" werden. Aus der Eins, dem As, gehen alle anderen Stufen hervor, sie ist der Anfang der darauf folgenden vierzehn Entwicklungsstufen.

Die vier Figurenkarten symbolisieren steigende Ränge, wer sie durchläuft, kann die Macht des Königs erlangen. Wenn wir uns am Spiel beteiligen, wenden wir Strategien an, die uns zum Erfolg führen sollen. So ist die höchste Karte strategisch betrachtet nicht immer die wertvollste. Manchmal können wir auch einen Joker - der Narr der Großen Arkana - einsetzen, manchmal befinden wir uns auf der Siegerstraße, manchmal müssen wir uns auch geschlagen geben. Fragen Sie sich, ob und inwiefern die von Ihnen gezogene Tarotkarte zu Ihrer aktuellen Lebenssituation passt. Wollen Sie sie ausspielen oder lieber abwarten? Lassen Sie sich ein auf die Vielfalt der Bilder und Symbole, die besonders farbenprächtig und lebendig auf den Motherpeace-Karten zu finden sind.

Im Vergleich zu traditionellen Tarot-Decks tragen die Hofkarten sowie die als Münzen bezeichneten Zahlenkarten bei Motherpeace andere Namen:

Motherpeace:		Rider:
Schamanin	- Shaman	- König
Priesterin	- Priestess	- Königin
Sohn	- Son	- Ritter
Tochter	- Daughter	- Bube
Scheiben	- Discs	- Münzen

Die Reihen der Motherpeace-Karten erzählen auch Geschichten aus prähistorischen Zeiten, über eine bestimmte Menschengruppe oder eine historische Periode. Lassen Sie sich inspirieren und erleben Sie den Alltag im Bild, um so Impulse und Hilfestellung für die vielen tagtäglichen Fragen und Probleme zu erhalten.

Die vier Reihen der Kleinen Arkana stehen symbolhaft für die vier Elemente: Feuer (Stäbe), Wasser (Kelche), Luft (Schwerter), Erde (Scheiben/Münzen). Zu Beginn jeder

Reihe wird die Bedeutung des jeweiligen Elements kurz erläutert, womit eine Basis für die Grundaussage der betreffenden Symbole gelegt wird.

Kartenbeschreibungen

Stäbe - Wands - Stäbe

Alle Stab - Karten stehen für das Element Feuer. Mit ihnen kommt die Energie durch Aktivität, Mut, Lebenskraft, Wille und Schaffenskraft zum Ausdruck. Die rote Farbe auf den Motherpeace-Karten unterstreichen die energetische Feuerqualität. In der Astrologie findet das Element Feuer seine Entsprechung in den Feuerzeichen Widder, Löwe und Schütze und den dazugehörigen Planeten Mars, Sonne und Jupiter.

Stäbe Priesterin - Wands Priestess - Königin der Stäbe

Das Motherpeace-Bild der Priesterin der Stäbe verkörpert eine archetypische Hexe in Aktion. Sie ist in guter Stimmung und sich ihrer Aufgabe als Mutter einer Gemeinschaft voll bewusst. In ihrer Führungsrolle strahlt sie Kraft und Selbstsicherheit aus. Ihr inneres Feuer gehorcht ihrem Willen, nach Belieben kann sie es aufsteigen lassen und somit ihre Gemeinschaft kräftigen und stützen. Sie empfängt Durchgaben und gibt ihre Inspiration in Liebe an die Gruppe weiter. Die Löwin an ihrer Seite bietet ihr Unterstützung und Hilfe, sie ist ihr Tier der Macht, ein Sinnbild ihrer königlichen Würde. Mit ihren wilden, ungezügelten Kräften, die sie konzentriert sammelt, beschützt sie ihre Gruppe. Die Wolken auf dem Bild zeigen, dass sie die Kunst des Regenmachens beherrscht. Der Stab in ihrer Hand stellt einen durchbohrten Knochen dar, ein sogenannter Kommandostab, der im Schamanismus auch heute noch benutzt wird und auch als Wünschelrute verwendet werden kann.

Auf dem Bild des Rider-Waite Decks wird eine junge Königin gezeigt, die auf einem schlichten Thron sitzt. In der rechten Hand hält sie einen belaubten Stab, in der linken eine geöffnete Sonnenblume. Im Vordergrund sitzt eine schwarze Katze. Die Königin nimmt eine lockere aber erhabene Position ein.

Wenn Sie diese Karte ziehen,
befinden Sie sich in einer starken und selbstsicheren Verfassung. Das Feuer, das die Priesterin entfachte, springt auf Sie über und erzeugt eine feurige Lebenslust. Die Zeit ist ideal, um ein schwieriges Unternehmen anzugehen. Sie wissen jetzt genau, was Sie wollen und trauen sich Führungspositionen zu. Vielleicht interessieren Sie sich aber auch für

schamamistische Techniken, für diverse Massagemethoden oder chinesische Körperübungen, für Heilthemen verschiedenster Art, denn mentale und körperliche Energien stehen Ihnen reichlich zur Verfügung. Nutzen Sie die Zeit, um große Vorhaben anzugehen, die Sie bisher aufgeschoben haben.

Astrologische Entsprechung
Das analoge Tierkreiszeichen dieser Karte ist Widder. Er wird dafür sorgen, dass der Zugang zu Energie, Aktivität und Mut geöffnet bleibt, den Sie auf keinen Fall ungenutzt lassen sollten! Sehen Sie nach, in welchem Haus Ihres Horoskopes der Mars steht, dort sollen Sie jetzt Ihre intensive Kraft investieren.

STÄBE SCHAMANE - WANDS SHAMAN - KÖNIG DER STÄBE

Der Schamane der Stäbe symbolisiert die positive männliche Kraft und ist das Gegenstück zur Priesterin. In der linken, mütterlichen Hand hält der Schamane einen Stab, der auf einer abnehmenden Mondsichel ruht, seine rechte Hand hält er einladend geöffnet.

Hinter ihm sieht man den Pharaonenthron und den Falken des Sonnengottes Horus. Der Schamane erklärt sich bereit, über sich selbst zu sprechen oder anderen zuzuhören und Ratschläge zu geben. Er steht für die alte matriarchale Tradition, die sich im Übergang zum Patriarchat befindet. Der runde Korb zu seiner Linken und die Blume zu seiner Rechten versinnbildlichen seinen Respekt für das Weibliche. Er ist der gute Vater und der vorbildliche Herrscher. Die Sonnenscheibe auf dem Kopf weist auf Kraft, Autorität, Macht und hohe Weisheit hin. Er ist ein hervorragendes politisches Vorbild sowohl für Männer als auch für Frauen.

Auf dem Bild des Rider-Waite Decks ist ein König auf einem Thron dargestellt, der alles erreicht hat, dessen Blick jedoch unsicher wirkt. In seiner rechten Hand hält er seinen Stab, aus dem Blätter sprießen. Auf dem Boden lauert ein Salamander, ein Zeichen dafür, dass das Feuer in ihm noch lodert.

Wenn Sie diese Karte ziehen,
besitzen Sie alle Eigenschaften eines verantwortungsvollen Führers oder einer Führerin. Sie stecken voller Energie und Liebe für Ihre Angehörigen und erfreuen sich Ihres Kraftpotentials. Setzen Sie Ihre Energien zum Wohle anderer ein! Seien Sie optimistisch und ermutigen Sie sich selbst, neue anspruchsvolle Aufgaben zu übernehmen. Vielleicht wollen Sie politisch aktiv werden oder beruflich eine Führungsposition anstreben oder in einer anderen Gemeinschaft Verantwortung übernehmen. Zögern Sie nicht, die Gunst der Stunde ruft!

Astrologische Entsprechung
Die analogen Tierkreiszeichen dieser Karte sind Widder mit einem Hauch Löwe. Widder spendet Ihnen die Kräfte des

Feuers und Löwe verleiht Ihnen die Würde für das Ansehen in Ihrer gesellschaftlichen Stellung. Suchen Sie den Planeten Mars in Ihrem Horoskop, dort haben Sie ausreichend Energie zur Verfügung.

Stäbe Sohn - Wands Son - Ritter der Stäbe

Das Motherpeace-Bild Sohn der Stäbe stellt den gehörnten Gott der alten Religion und Hexenkunst dar. Er tanzt in der Mitte seiner Gruppe. Er ist ebenso wild und ungezügelt wie liebend und weich. Seine Energie ist immer in den Dienst der Gemeinschaft gestellt, er sucht keinen persönlichen Ruhm. Hinter ihm glüht die Sonne, die seine Ausstrahlung symbolisiert. In seinen Händen hält er eine Rassel und einen Gebetsstab, Zeichen seiner heiligen Kräfte. Aber er repräsentiert neben seiner sexuellen Kraft auch die positive Geisteskraft. Sein Tanz geht wie bei den Kranichen im Hintergrund zu einer Vereinigung über. Verbunden mit dem leuchtend hellen Hintergrund und dem blauen Himmel auf dem Bild, steht er für Intellekt und Männlichkeit. Er bringt Informationen ins Wachbewusstsein, die sonst im Verborgenen blieben, und setzt sie kreativ um, indem er vielleicht ein Lied komponiert oder Stimmen vernimmt.

Auf dem Bild des Rider-Waite Decks sieht man einen jungen Reiter auf einem wilden Pferd. Die Augen des Ritters verraten ängstliches Zögern. In seiner rechten Hand hält er einen kurzen Stab. Er ist sich bewusst geworden, dass er über enorme Kräfte verfügt.

Wenn Sie diese Karte ziehen,
haben Sie eine vitale Phase zu erwarten oder Sie befinden sich bereits darin. Es macht Ihnen Spaß, sich mit anderen zu unterhalten, sich zu amüsieren und von den schönen Seiten des Lebens sich eine Scheibe abzuschneiden. Gefühle können jetzt aus dem Innersten aufsteigen, die Sie niederschreiben könnten. Vielleicht gelingt es Ihnen nun besser als sonst, in Konzentrationszustände zu gelangen. Achten Sie auf diese inneren Prozesse, die sich nur dem Sensiblen eröffnen. Mischen Sie sich anschließend wieder unter Menschen und lassen Sie Ihrer Energie und Intelligenz freien Lauf! Tanzen Sie den Tanz des schönen Augenblicks!

Astrologische Entsprechung
Das analoge Tierkreiszeichen dieser Karte ist Widder, die Urkraft der Widderenergie, gepaart mit dem expansionsfreudigen Planeten Jupiter. Jetzt befinden Sie sich in einer kreativen, energiereichen und schöpferischen Phase, in der Ihnen einiges gelingen kann! Spüren Sie das intensive Pulsieren des Lebens. Wo stehen diese Planeten in Ihrem Horoskop?

Stäbe Tochter - Daughter Wands - Bube der Stäbe

Tochter

Stäbe

Die Tochter der Stäbe im Motherpeace-Bild repräsentiert die jugendliche Kraft und den Elan eines heranwachsenden Menschen, jene Kraft, die dem Menschen immer wieder aus dem Kosmos zufließt und für die stete Erneuerung unseres Körpers sorgt. Die Tochter der Stäbe ist redegewandt und schlagfertig, von ihren inneren Impulsen unmittelbar angetrieben, ebenso wie die aufkeimende Natur nach der Winterperiode. Ihre Belebung spürt sie auch über die sexuelle Energie. In der rechten Hand trägt die Tochter einen Haselnusszweig, den sie für Heilungen verwendet, und in der linken Hand hält sie das Rad der Nemesis, Zeichen der ausgleichenden Gerechtigkeit. Ihr weißes Einhorn ist ein heiliges, mythisches Tier, das die vier Himmelsrichtungen und auch den Zenit des Geistes versinnbildlicht. Wie das Einhorn tanzt auch sie die Leidenschaftlichkeit und Heftigkeit des freien Geistes, der jedem Menschen innewohnt.

Auf dem Bild des Raider-Waite Decks sieht man einen jungen Mann, der sich auf Wanderschaft befindet. Seinen Wanderstab hält er mit beiden Händen. Er ist der Minnesänger, der Abenteurer. Sein Blick geht himmelwärts, er sieht der Zukunft optimistisch entgegen.

Wenn Sie diese Karte ziehen,
steht Ihnen ein neuer Abschnitt in Ihrem Leben bevor. Sie stecken voller Lebensfreude, die sich in Ihrem Leben manifestieren möchte, die gelebt werden möchte und die einen völligen Neubeginn ermöglicht. Wie in der Kartenbeschreibung angedeutet, fühlen Sie, dass der „Winter" hinter Ihnen liegt und neue Kräfte in Ihnen spürbar werden. Mit dieser Karte können Sie sicher sein, dass Sie über die notwendige Energie für neue Unternehmungen verfügen. Verleihen Sie diesen Kräften Ausdruck und Sie werden sehen, wie Ihre Stimmung sich verändert. Fühlen Sie diesen Frühling in sich emporsteigen und gehen Sie mutig an die neuen Vorhaben. Die geistigen Helfer stehen bereit.

Astrologische Entsprechung
Da die Tochter der Stäbe den Frühlingsbeginn symbolisiert, entsprechen alle drei Zeichen, die die Sonne im Laufe des Frühlings durchläuft, dieser Karte. Das Feuer des Widders, die Erdqualität des Stiers und der Intellekt des Zwillings unterstützen alle Ihre Unternehmungen, die Sie mit dieser Karte beginnen! Suchen Sie den Mars in Ihrem Horoskop, dort soll Ihre Energie sich manifestieren.

Stäbe As - Wands Ace - As der Stäbe

Stab As symbolisiert den ersten Funken des Feuers. Das Ei auf der Motherpeace Karte bricht auf und das Leben mit all seinen Talenten und Fähigkeiten kann sich entfalten.

Talente, die noch nicht alle verwirklicht wurden. Die zerbrochene Schale, in der das Wesen bisher eingesperrt war, wird nicht mehr gebraucht. Jetzt ist eine neue Zeitqualität am Horizont sichtbar. Die gelbe Farbe der Sonne und die rote Farbe des Planeten Mars symbolisieren die expansiven Kräfte, die mit dieser Karte zur Wirkung gelangen. Die vielfältigen Aspekte der neuen Möglichkeiten können gar nicht alle erkannt werden. Sie werden sich entfalten, und zwar immer dann, wenn im Lebensablauf eine neue Verwirklichung ansteht. Es ist die Zeit der zündenden Ideen, der Initialkraft für neue Unternehmungen, der Intuition ebenso wie des Geistes. Etwas wird neu geboren, aber es ist in der Verdichtung der Welt noch nicht sichtbar.

As

Stäbe

Das Bild des Rider-Waite Decks zeigt eine geöffnete Hand, die aus einer Wolke ragt. Sie hält einen dicken, kurzen Stab, der einen Teil seiner Blätter verliert. Die Hand strahlt Energie aus. Symbol für Kraft, die Taten setzt.

Wenn Sie diese Karte ziehen,

tritt etwas Neues zu Tage, vielleicht eine neue Begabung, ein neues Talent oder eine ganz neue Idee. Spüren Sie die treibenden Kräfte der Evolution und entdecken Sie die Vielfalt Ihrer Kreativität. Es kann auch sein, dass Ihr energetisch geladener

Körper eine neue Partnerschaft anzieht. Sie sprühen vor Energie und Tatendrang. Die Karte symbolisiert eine hoffnungsvolle Zukunft, ein geistiger Neubeginn steht vor der Tür. Wenn Sie sich jetzt neue Ziele stecken, werden Ihre Ausdauer und Ihre Willenskraft stark genug sein, die Realisierung der Wünsche zu erreichen. Beobachten Sie, wie sich Ihr Feuer manifestiert. Diese Karte setzt Impulse und will verwirklicht werden!

Astrologische Entsprechung
Alle Asse besitzen die Kräfte der vier Elemente Feuer, Wasser, Luft und Erde. As der Stäbe birgt insbesondere die Feuerkraft aller drei Feuerzeichen Widder, Löwe und Jupiter in sich. Sie sind inspiriert und sollten auf Ihre Intuition hören, die jetzt Ihre beste Ratgeberin darstellt! Mars, Sonne und Jupiter zeigen Ihnen, wo sie verwirklicht werden wollen.

STÄBE ZWEI - WANDS TWO - STÄBE ZWEI

Auf dem Motherpeace-Bild sieht man zwei Frauen, eine von ihnen ist die Feuermacherin, die andere beobachtet und ist da, um zu lernen. Das Feuer dient dem Überleben, daher muss die Lehrerin ihre Kenntnisse an die junge Heranwachsende weitergeben. Außerdem hofft die Lernende,

dass auch ihr Körperfeuer entzündet wird, um im Leben eine bestimmte Aufgabe ausführen zu können. Mit den beiden Stäben wird sowohl der aktive als auch der passive Aspekt versinnbildlicht, einer steht für das Entfachen und Nutzen der eigenen Energien, der andere für das Interesse am Lernen. Um das zu erlangen, was wir im Leben erreichen möchten, benötigen wir die Kraft des Feuers.

Auf dem Bild des Rider-Waite Decks sieht man einen Mann, der von einer Burg aus über eine Landschaft mit Wasser und Bergen blickt. Einen der beiden Stäbe hält er in seiner linken Hand, der zweite ist an der Mauereinfriedung befestigt. In seiner rechten Hand trägt er eine Weltkugel. In der Mauer sind Rosen und Lilien eingeritzt als Zeichen für Wiedergeburt, Licht und Bewusstheit.

Wenn Sie diese Karte ziehen,
verspüren Sie einerseits ein physisches Verlangen in sich und andererseits wollen Sie Spiritualität zur Entfaltung bringen. Für beides benötigen Sie das Feuer, das im Keim schon in Ihnen lodert. Achten Sie mit dieser Karte auf vermehrte intuitive Einfälle, denn sie entspringen Ihrem elementaren feurigen Inneren! Oder Sie wollen die Rolle der Lehrenden übernehmen und zeigen anderen Fähigkeiten, die Sie bereits beherrschen. Mit dieser Karte ist es Ihnen möglich, das Feuer Ihres Körpers sowohl für Arbeit und Sexualität zu nutzen, als auch für Ihre spirituelle Arbeit einzusetzen.

Astrologische Entsprechung
Das analoge Tierkreiszeichen dieser Karte ist Widder in seiner ganzen Feuerdimension, der große Herr und Entfacher

des Feuers. Suchen Sie jenes Haus in Ihrem Horoskop, das mit dem Widderzeichen beginnt. In diesem Lebensgebiet wird diese Karte für Sie besonders wirksam sein!

Stäbe Drei - Wands Three - Stäbe Drei

3

Stäbe

Auf der Karte des Motherpeace ist ein in Harmonie lebendes Volk dargestellt, ein in Gleichberechtigung und im Einklang mit der Erde lebendes Naturvolk. Die Karte ist Ausdruck für Verbindungen mit anderen. Auf dem Bild vermittelt eine Mutter ihren Kindern das Malen, einerseits wird dadurch die Kreativität spielerisch zur Entfaltung gebracht und andererseits erfahren die Nachkommen über die Höhlenmalerei die Geschichte ihrer Ahnen. Das Feuer der Fackeln spendet Licht für die Kunst der Steinbemalung und der Gravierung. Sie malen und ritzen jene Bilder, die tief aus ihrem Inneren aufsteigen. Diese Kinder werden von klein auf dazu angeregt, Kreativität und Offenheit spontan auszudrücken. Ihre Visionen und Phantasien werden über die kreative Arbeit und durch Kommunikation nach außen transportiert.

Auf dem Bild des Rider-Waite Decks sieht man einen Menschen, der auf das Meer blickt. Er hat den Rücken zum Betrachter gewendet. Seine drei Stäbe stecken im Boden, an einem hält er sich fest. Er ist ein Betrachtender, der abwartet.

Wenn Sie diese Karte ziehen,
können Sie jetzt Freude am Selbst-Ausdruck genießen. Fangen Sie an zu malen oder schreiben Sie Ihre Gedanken auf oder musizieren Sie. Verleihen Sie den Bildern, die aus Ihrem Inneren hochsteigen, Ausdruck. Ihre Fertigkeiten können Sie an andere weitergeben und so ein harmonisches Miteinander ohne Angst und Unterdrückung gestalten. Es ist die Zeit des aktiven und liebevollen gemeinschaftlichen Arbeitens. In einer Gruppe würden Sie sich jetzt sehr wohl fühlen. Überlegen Sie, welche Beschäftigung Ihnen spontan gefallen würde. Vielleicht hatten Sie bisher Hemmungen, Ihren künstlerischen Neigungen nachzugeben. Fassen Sie sich Mut und beginnen Sie!

Astrologische Entsprechung
Das analoge Tierkreiszeichen dieser Karte ist Widder, er sorgt für Ihren kreativen Selbstausdruck und der Planet Merkur realisiert die gute Verständigung untereinander. Dies ist eine gute Karte für ein harmonisches Gruppenleben oder um in einem bestimmtem Projekt von anderen unterstützt zu werden. Suchen Sie diesen Planeten in Ihrem Horoskop, dort bereichern Sie andere.

Stäbe Vier - Wands Four - Stäbe Vier

Auf der Karte des Motherpeace sieht man, wie ein rituelles Fest begangen wird: Die vier jungen Mädchen tanzen, da sie von einem Lebensstadium in das nächste überwechseln, ihre Jugend- und Reifezeit bricht heran. Sie tanzen um einen Altar, in dessen Mitte ein Feuer brennt. Die erwachende Fraulichkeit der Mädchen wird durch den Blütenschmuck symbolisiert, die Lilien am Altar stehen für die Reinheit. Mit ihrem Tanz drücken sie die natürlichen Impulse ihres geistigen und körperlichen Wachstums aus. Die Blumenstäbe weisen auf die männliche Energie hin, an der sie zukünftig nicht mehr vorbeigehen werden. Der Kolibri segnet den Tanz und überbringt Weisheiten aus himmlischen Sphären.

Auf dem Bild des Rider-Waite Decks winken zwei Frauen vor einer Burg mit Blumensträußen dem Betrachter entgegen. Seitlich von ihnen überspannt eine Bogenbrücke einen Graben. Im Vordergrund des Bildes stehen vier Stäbe als Tor aufgerichtet, ihre Spitzen sind mit Girlanden geschmückt. Die Karte lädt ein, durch das Tor hindurchzuschreiten und mitzufeiern.

Wenn Sie diese Karte ziehen,
sollten Sie sich in den ewigen kosmischen Tanz von Wiedergeburt und Neuerweckung einlassen. Diese Karte steht für männliche Energie, die durch erhöhte Verantwortung und Reifung in das Leben hineingetragen werden soll. Denn je weiblicher und je männlicher der Mensch sich entwickelt, umso weiter entfernt er sich von seinem Ganzsein. Sie sollen stets bemüht sein, beide Anteile in Ihrem Wesen zu integrieren und auszudrücken. Diese Karte könnte den Scheideweg zwischen jugendlichem Überschwang und einer bevorstehenden Vereinigung bedeuten. Welche Seite des Lebens möchten Sie zum Ausdruck bringen? Soll es ein Kunstwerk sein oder wollen Sie neue Fähigkeiten entwickeln?

Astrologische Entsprechung
Das analoge Tierkreiszeichen dieser Karte ist Löwe. Er steht Pate für den Lebensausdruck. Begeben Sie sich auf die Piazza des Lebens und nehmen Sie daran teil, wie immer Sie sich das wünschen! Die Art, wie Sie sich der Welt präsentieren, zeigt Ihnen Ihr Sonnenzeichen, die Beschreibung finden Sie in diesem Buch.

Stäbe Fünf - Wands Five - Stäbe Fünf

Auf dem Bild von Motherpeace sieht man Kämpferinnen, die um das Amt der Hohepriesterin wetteifern; sie respektieren einander. Hier findet eine faire Auseinandersetzung statt. Der rote Hintergrund liefert die Energie für den Kampf. In der Ferne bricht ein Vulkan aus, die aufsteigenden Rauchwolken symbolisieren die Wiederkehr der Gruppenharmonie, die sich am Ende des Wettstreits wieder einstellen wird. Die ägyptische Löwen-Göttin wacht über sie. Die Auseinandersetzung erfolgt ohne Schmerz. Ein Konflikt muss gelöst werden, und dies geschieht auf faire Weise. Keine hinterlistigen Methoden oder Intrigen werden ins Spiel gebracht. Die Energie, die der Vulkan spendet, wird dosiert ausgestoßen, damit es zu keiner Explosion kommt. Die beste wird gewinnen.

5

Stäbe

Das Bild des Rider-Waite Decks zeigt fünf junge Männer, die mit ihren Stäben einen kleinen Kampf ausfechten, der sehr spielerisch wirkt. Sie messen ihre Kräfte um des Spiels willen, die Energie findet ihren Ausdruck. Der Sieger wird akzeptiert werden.

Wenn Sie diese Karte ziehen,

steht Ihnen ein Konkurrenzkampf bevor. Aus welcher Richtung kann er kommen? Wie fest ist Ihre Position in der Arbeit oder gibt es partnerschaftliche Probleme? Die ägyptische Löwengöttin wacht am Himmel über das Geschehen und unterstützt Ihren Kampf. Seien Sie zuversichtlich, kämpfen Sie mit fairen Mitteln und der Sieg gehört Ihnen. Vielleicht wollen Sie mit Ihren finanziellen Mitteln ein wenig spekulieren? Überlegen Sie sich, aus welcher Richtung die Auseinandersetzung kommen könnte, dann sind Sie vorbereitet. Energie steht reichlich zur Verfügung, aber verpuffen Sie sie nicht, setzen Sie sie gezielt ein.

Astrologische Entsprechung

Das analoge Tierkreiszeichen dieser Karte ist Löwe, er steht für Kraft und Energie. Der Löwe lässt sich auf einen Kampf ein, aber er weiß, wie man kämpft und beschränkt sich auf das unbedingt Notwendige. Ahmen Sie ihn nach, teilen Sie Ihre Kräfte ein. Bewerten Sie Ihre Energie nach Ihrem Sonnenzeichen!

Stäbe Sechs - Wands Six- Stäbe Sechs

Stäbe

Die Sechs Stäbe sind eine positive Karte, voller Optimismus, voller Gefühl und voller Ausdehnungskraft. Die Frau auf dem Bild liegt auf einem Rad mit sechs Speichen, die die vier Elemente Erde, Wasser, Luft und Feuer sowie Kopf und Körper der Frau symbolisieren. In ihren Händen hält die vielarmige Figur sechs Stäbe, die wiederum die vier Tarotqualitäten der Elemente farblich darstellen sowie Sonne und Mond repräsentieren. Der Löwe und der Salamander deuten ihre feurige Qualität an, der Oktopus und die Schlange weisen auf die Entsprechung des Wassers hin.

Da das Feuer aus dem Zentrum kommt, zeigt es stets einen Erfolg an, der neue Lebenskraft hervorbringt.

Auf dem Bild des Rider-Waite Decks sitzt ein Reiter hoch zu Ross. Sein Haupt schmückt ein Lorbeerkranz, ein anderer Kranz ist an seinen Stab gebunden, den er in der rechten Hand hält. Er ist umgeben von weiteren Menschen, die auch einen Stab tragen. Er ist ein Sieger oder ein Bote mit einer guten Nachricht.

Wenn Sie diese Karte ziehen,
steht Ihnen eine Periode der Kraft und der Expansion bevor. Meditieren Sie über die Karte und Ihnen wird klar, dass Sie die symbolische Kraft des Bildes auch in Ihnen wecken können. Seien Sie sich bewusst, dass die elementaren Kräfte, insbesondere die Feuerkraft, bereitstehen, um Sie zu unterstützen. Mit dieser Feuerenergie werden Sie etwas leisten, etwas vollbringen, das Sie zu einem Gewinner macht. Aus diesem Sieg werden Sie stark und selbstbewusst hervorgehen. Mit dem gewonnenen Selbstvertrauen übernehmen Sie eine Vorbildrolle.

Astrologische Entsprechung
Das analoge Tierkreiszeichen dieser Karte ist Löwe, die Feuerkraft. Nutzen Sie die Zeit, gehen Sie eine Arbeit an, die viel Kraft erfordert. In Ihrer starken energetischen Verfassung werden Sie das Ziel erreichen und für andere beispielhaft wirken können. Suchen Sie das Löwezeichen in Ihrem Horoskop, in diesem Lebensgebiet steht Ihnen die meiste Ausdruckskraft zur Verfügung.

STÄBE SIEBEN - WANDS SEVEN - STÄBE SIEBEN

Die Motherpeace Karte der Sieben Stäbe zeigt eine starke Frau, die von einer Gruppe von Frauen umringt wird. Sie muss ihre Kraft, die auch den Herausforderungen von Konkurrenten standhält, unter Beweis stellen. Zur Unterstützung ihrer Energien trägt sie einen gehörnten Kopfschmuck aus einer Mondsichel, geschmückt mit Pfauenfedern, die Macht und Weisheit darstellen. Sie hält die Fackel der Wahrheit in ihrer rechten Hand, als Zeichen der Führerschaft und ihrer Leitbildfunktion. Um den Hals trägt sie ein Band voller Amulette, die ebenfalls von ihrer Macht künden sollen. Dies ist ein Kampf, der alles von ihr abverlangt. Sie steht in aufrechter Haltung und spricht von der Wahrheit, wie sie sie empfindet. Ihr Ziel ist es jedoch, mit ihrer Kraft anderen zu dienen.

Auf dem Bild des Rider-Waite Decks sieht man einen jungen Mann, der angstvoll mit einem Stab bewaffnet auf einer Klippe steht und bereit ist, sich gegen sechs aus der Tiefe aufsteigende Stäbe zu verteidigen. Er ist auf einen Kampf vorbereitet.

Wenn Sie diese Karte ziehen,
erwartet Sie eine harte Periode der Auseinandersetzung, die alle Energie und Einsatzbereitschaft von Ihnen fordert. Gelingt es Ihnen, diese schwierige Zeit der Bewährung durchzustehen, haben Sie sich allen Anspruch auf eine leitende Position erworben. Stellen Sie sich auf einen offenen Schlagabtausch mit jemanden ein, der nicht ohne Konsequenzen für Ihren weiteren Erfolg bleiben wird. Überlegen Sie sich, wo dieser Kampf auf Sie warten könnte und stimmen Sie sich machtvoll darauf ein. Bleiben Sie in der Argumentation jedoch stets bei der Wahrheit und überlegen Sie sich Techniken, bei denen keiner seelische Verletzungen erleiden muss. Um eine solche Führungsqualität erreichen zu können, muss auf dem Weg dahin manche Hürde genommen werden!

Astrologische Entsprechung
Das analoge Tierkreiszeichen ist der Löwe, Sinnbild für Lebensausdruck und Machtfreude. Diese Karte unterstützt Sie, Ihre angesteuerten Ziele zu erlangen, wenn Sie bereit sind, Ihre Kraft zum Wohle der anderen einzusetzen. Entwickeln Sie eine progressive Haltung und begeistern Sie andere für Ihre Ziele, dann ist Ihnen der Erfolg sicher! In welchem Haus steht Ihre Sonne, dort dürfen Sie kämpfen.

Stäbe Acht - Wands Eight - Stäbe Acht

Die Pfeile auf dem Motherpeace-Bild symbolisieren eine mythische Gestalt, vermutlich eine Elfe, die ähnlich einem Liebesgott im Laufschritt acht Pfeile abschießt, die eine bestimmte Person auf geistiger Ebene erreichen sollen. Sie sollen vielleicht die Begierde eines anderen Menschen erwecken oder eine Idee soll auf jemand anderen übergehen. Eindeutig zeigen die Pfeile an, dass die Zeit gekommen ist, Neues in Angriff zu nehmen. Energie steht reichlich zur Verfügung, die auch für mediale Arbeit genutzt werden kann. Jeder der Pfeile steht für eine andere Idee. Einer symbolisiert eine Liebesverbindung, ein anderer eine berufliche Entscheidung, wieder ein anderer einen Anruf oder eine spirituelle Arbeit usw.

8

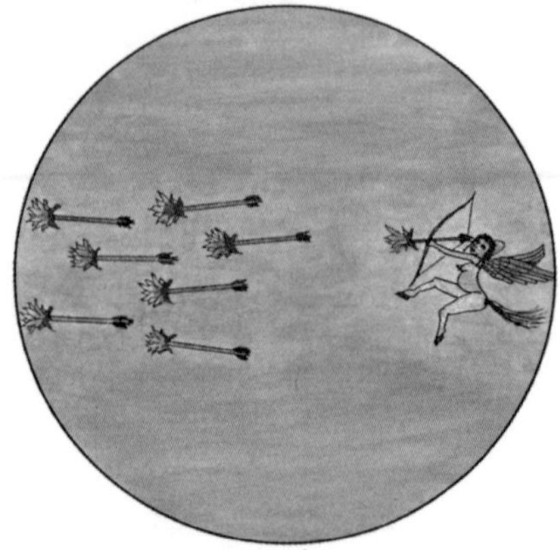

Stäbe

Auf dem Bild des Rider-Waite Decks sieht man eine hügelige, menschenleere Landschaft, durch die sich ein Fluß schlängelt. Acht Stäbe, Zeichen der geistigen Impulse, schießen durch die Luft. Die Zahl Acht symbolisiert die Unendlichkeit, darin eingebettet der Moment, der Augenblick, der durch die Stäbe verkörpert wird.

Wenn Sie diese Karte ziehen,
können Sie sich geistig auf neue Ziele einschießen. Jeder Pfeil für sich kann einen Aspekt eines bestimmten Lebensimpulses ausdrücken. Die Pfeile symbolisieren die Ideen, die sich erst später manifestieren. Da der Vorgang blitzschnell geschieht, sind Sie mit Ihren Ideen den anderen voraus. Sie verfügen mit dieser Karte über einen sechsten Sinn,

den Sie effizient einbringen können. Vielleicht sind es aber nur Vorahnungen kleineren Ausmaßes. Geistiges Wachstum mit viel kosmischer Hilfe geschieht in Ihnen. Vielleicht will ein himmlischer Helfer mit Ihnen Kontakt aufnehmen. Entscheiden Sie selbst, wofür Sie diese Feuerkraft nutzen wollen. Sind es die Liebesgefühle, die hochsteigen, dann sollten Sie auf denjenigen Menschen zugehen, dem Ihre Gefühle gelten. Nehmen Sie kein Blatt vor den Mund und treten Sie mit Ihren Ideen in die Welt hinaus. Sie haben eine enthusiastische Sicht auf das Leben und glauben an deren Sinnhaftigkeit. Ihre Weitsicht und Ihr Humor ernten Stürme der Begeisterung!

Astrologische Entsprechung
Das analoge Tierkreiszeichen dieser Karte ist Schütze, das Zeichen für Freiheit, Fremde und Spiritualität. Welches astrologische Haus wird von Schütze beherrscht? Dort können Sie die Kartenaussage realisieren.

Stäbe Neun - Wands Nine - Stäbe Neun

Auf dem Motherpeace-Bild sieht man eine alte weise Frau, die ihre angesammelten Energien speichert und sie nur sehr bedacht einsetzt. Sie hat ihre Lebenskraft voll im Griff und setzt diese für heilende, gesundheitsbringende Ziele zum Wohle der Menschen ein. Die rote Hintergrundfarbe auf dem Bild deutet auf die meisterliche Handhabung stärkster Energien hin. Die spiralförmigen Schlangen auf den beiden Seiten des Bildes symbolisieren die vereinten Kräfte des Männlichen und des Weiblichen und verweisen darauf, dass sie auch das sexuelle Feuer im Griff hat. Ihre Kundalini hat sie erweckt. Sie besitzt feinste Dosierungsmöglichkeiten über die Verwendung der Kräfte für sich und für die Welt. Sie ist die Personifikation eines voll bewussten Menschen, der zum Heil der anderen kreativ arbeitet.

Stäbe

Auf dem Bild des Rider-Waite Decks sieht man einen kühnen, mißtrauischen Mann auf einen Stab gestützt. Hinter ihm sind acht weitere Stäbe in die Erde gepfercht. Um seinen Kopf trägt er eine Binde. Er überlegt, wofür er seine Kräfte einsetzen soll.

Wenn Sie diese Karte ziehen,
verfügen Sie jetzt geistig wie körperlich über eine stille Kraft, die Sie sich durch Arbeit in der Vergangenheit errungen haben. Das daraus entsprungene Wissen verschafft Ihnen Unabhängigkeit gegenüber den anderen. Sie haben das Niveau einer Führungspersönlichkeit erreicht und spüren eine gewisse Erhabenheit den Anforderungen des Lebens gegenüber. Sie sollten Ihre Stärke zum Nutzen anderer verwenden. Ihre Gelassenheit kann sich auf Ihren Umkreis übertragen und anderen Mut machen, an ihrer eigenen Persönlichkeit weiterzuarbeiten.

Astrologische Bedeutung
Das analoge Tierkreiszeichen dieser Karte ist Schütze, diesmal in seinen Qualitäten der energiereichen Impulsivität. Mit dieser Karte dürfen Sie sich an die Spitze des Geschehens stellen, aber verteilen Sie Ihre Energie mit Bedacht, wie die Weise auf dem Kartenbild. Diszipliniertes Vorgehen hilft Ihnen, dass Sie nur soviel Verantwortung übernehmen, wie Sie tragen können.

Stäbe Zehn - Wands Ten - Stäbe Zehn

Die Karte des Motherpeace zeigt eine Gruppe von zehn Frauen, die einen Trancetanz ausführen. Sie wollen alle Energien, die sich im Laufe der Zeit durch Ärger, Erwartungen oder andere Anspannungen aufgebaut haben, entladen und diese Freisetzung wiederum für ihre Spiritualität einsetzen. Dazu benutzt eine der Frauen eine Trommel, ein altbewährtes Instrument, um kosmische Seinszustände zu erreichen. Eine andere profitiert von ihren medialen Fähigkeiten, ihre Botschaften werden von einer dritten Person aufgeschrieben, um die Durchgaben für kommende Generationen festzuhalten.

Auf dem Bild des Rider-Waite Decks sieht man eine kräftige Person, die zehn Stäbe gebündelt vor sich her trägt, den Kopf in die Stäbe gesteckt. Sie trägt schwer an ihrer Last, die sie freiwillig auf sich nimmt.

Wenn Sie diese Karte ziehen,
sind Sie im Moment mit starken Energien aufgeladen und es wäre günstig, an einer Gruppenarbeit teilzunehmen. Denken Sie nach, was Sie interessieren und ansprechen würde. Dies könnte sowohl eine Gruppe sein, die sich mit handwerklichen oder künstlerischen Fähigkeiten beschäftigt oder eine Gruppe, die eine rein geistige Arbeit anbietet. Überlegen Sie sich, ob Sie eine Fremdsprache auffrischen oder neu lernen wollen oder ob Sie ein anderes Sachgebiet interessiert. Vielleicht wollen Sie Ihre Astrologiekenntnisse erweitern. Mit dieser Karte kann auch prophetisches und philosophisches Wissen zum Vorschein kommen.

Astrologische Entsprechung
Die astrologische Zuordnung gilt allen drei Feuerzeichen Widder, Löwe und Schütze. Diese drei in der Karte vereinten Feuerzeichen bringen Ihre Emotionen an ihre äußerste Grenze. Achten Sie besonders darauf, wo Ihr Mars sich im Horoskop befindet, dort sind feurige Ausbrüche möglich.

Kelche - Cups - Kelche

Alle Kelch-Karten stehen für das Element Wasser. Diesem werden Qualitäten wie Gefühle, Empfindungen und Unbewusstes wie Träume und Visionen zugeordnet. Die blaugrüne Farbe auf den Motherpeace-Karten versinnbildlicht das Unterbewusstsein und die Tiefen der menschlichen Psyche. In der Astrologie findet das Element Wasser seine Entsprechung in den Wasserzeichen Krebs, Skorpion und Fische.

Kelche Priesterin- Cups Priestess - Königin der Kelche

Die Priesterin der Kelche ist die Manifestation des Wassers. Die Gefühle und Empfindungen, Träume und inneren Bilder, die aus ihrem Inneren hochsteigen, kann sie verarbeiten und meistern. Sie stellt eine Meerjungfrau dar, die wie ein Mensch denkt. Ihre Lungen atmen Luft, aber wie ein Fisch erforscht sie die Tiefen des Wassers und bringt Unbewusstes an die Oberfläche. Mit ihrer linken Hand spielt die Priesterin auf einer Lyra, einem alten Instrument mit sieben Saiten. Das Instrument erzeugt die wunderbarsten Töne, die sogar die Wale hören können. Über diese Töne verständigt sie sich mit den Walen, die das Wissen aus der Tiefe holen. Die Priesterin symbolisiert die menschliche Seele, die mit ihren Qualitäten und Eigenschaften das Wesen eines Menschen neben Geist und Körper ausmachen. Bei der Priesterin vermischen sich die innere und die äußere Welt des Menschen.

Auf dem Bild des Rider-Waite Decks sieht man eine Königin auf einem muschelförmigen Thron. In ihrer rechten Hand hält sie einen Kelch, den sie liebevoll anschaut. Ihre Füße hängen ins Wasser, der Thron aber steht auf sicherem Grund. Sie ist eine Liebende, die in die Zukunft und in die Vergangenheit zu blicken vermag.

Wenn Sie diese Karte ziehen,
zeigt Ihnen die Priesterin der Kelche, dass manches, das Sie für überwunden gehalten haben, in Ihrem Unbewussten noch als Wunsch schlummert. Aus der Tiefe Ihrer Seele steigen ungestillte Sehnsüchte empor. Es ist die Zeit, in der Sie den Gefühlen einen breiten Erlebnisraum einräumen sollten. Es sind Gefühle der Weiblichkeit oder der Mütterlichkeit, die aus Ihrer inneren Tiefe aufsteigen. Spüren Sie Ihre Sehnsüchte auf und nehmen Sie sich die Zeit, die Wünsche Wirklichkeit werden zu lassen. Sie werden staunen, was aus den unbewussten Reichen an die Oberfläche dringt.

Astrologische Entsprechung
Der Mond im Krebs symbolisiert die unbewussten Gefühle, die an die Oberfläche des Tagesbewusstseins drängen und nach Verwirklichung streben. Wenn Sie ein Radix haben, suchen Sie den Mond. Er gibt Ihnen Auskunft, wo Ihre Sehnsüchte zu Hause sind.

Kelche Schamanin- Cups Shaman - König der Kelche

Die Schamanin der Kelche repräsentiert die schwarze Macht des Mondes, die symbolisch der Göttin Lilith zugeordnet wird. Ihr Gesicht hat die Schamanin mit weißem Gips bemalt, um während der spirituellen Arbeit geschützt zu sein. Sie kontrolliert ihre leidenschaftlichen Gefühle und transformiert sie in neutrales Wahrnehmen. So wie das Feuer unter dem Kessel die Flüssigkeit, die sie kocht, verwandelt, verändert sie durch Konzentration die Welt und sich selbst. Durch ihre Willenskraft erreicht sie die Umwandlung der Elemente. Der alchimistische Vorgang kommt der Gemeinschaft zugute. Sie weiß, dass der Tod nur eine Verwandlung darstellt, und kennt die ewigen Gesetze der Veränderung und Entwicklung. Sie ist sowohl religiöse Führerin als auch eine der Gesellschaft verpflichtete Person.

Auf dem Bild des Rider-Waite Decks sitzt ein König auf einem Thron, der auf einem Sockel auf unruhigem Wasser schaukelt. Sein Blick ist unfreundlich. In der rechten Hand hält er einen Kelch, in der linken hat er ein kurzes Schwert. Um seinem Hals hängt an einer Kette ein toter Fisch. Er unterdrückt seine aus der Tiefe aufsteigenden Gefühle und hält sich selbst unter Kontrolle.

Wenn Sie diese Karte ziehen,
wissen Sie, dass Sie in der Lage sind, Ihre Gefühle und Energien bewusst einzusetzen und handzuhaben. Sie können diese Kraft für das Wohl Ihrer Lieben oder für sich selbst einsetzen. Die Zeit ist günstig, Ihre Psyche zu analysieren und Ihre Verhaltensweisen genau zu beobachten. Mit Ihrer inneren Ruhe ist es Ihnen möglich, eine Veränderung in Angriff zu nehmen und Ihre Emotionen gezielt einzusetzen. Zeitweilig stellen Sie Ihre persönlichen Interessen zurück, um für Bleibendes wie Spiritualität oder auch für andere da zu sein.

Astrologische Entsprechung
Der schwarze Mond symbolisiert die dunklen Gefühle, die mit dieser Karte vom Skorpion kontrolliert werden. Skorpion ist das Zeichen für klares Denken, er besitzt die Fähigkeit, in die Tiefe der Seele zu blicken und Umwandlungen herbeizuführen. Neue Möglichkeiten eröffnen sich Ihnen. Suchen Sie das Transformationszeichen Skorpion in Ihrem Horoskop, dort findet Umwandlung statt.

Kelche Sohn - Son Cups - Ritter der Kelche

Auf der Motherpeace Karte ist ein meditierender Mann in einer Eihülle zu sehen, die das Weltenei der Großen Mutter und den ausgeglichenen männlichen Seelenanteil repräsentieren. Die Große Mutter selbst wird durch den lila Kreis um das Ei dargestellt, das kosmische Rund. Der Mann symbolisiert den

Sohn der Herbst-Tag- und Nachtgleiche, der Licht und Dunkel, Luft und Wasser, Geist und Gefühl verbinden soll. Dabei beherrscht er einerseits die Kunst, ins Detail zu gehen, und andererseits Getrenntes zusammenzuführen. Von seinem Kopf strahlt Licht aus; die Vögel zeigen auf, dass er mit dem Kosmos kommuniziert. Die Flöte, auf der er spielt, und das blaue Wasser, auf dem er mühelos schwebt, versinnbildlichen Krishna, Gott des Spiels und der Sexualität. Die Blume offenbart Schönheit und Visionen. Das violette Licht symbolisiert einen Trancezustand. Er fungiert als Mittler zwischen Geist und Gefühl.

Auf dem Bild des Rider-Waite Decks sitzt der Ritter auf seinem Pferd. In der rechten Hand hält er einen Kelch, auf dem Kopf trägt er einen Flügelhelm. Sein Blick ist zaghaft, seine Haltung bekundet Mut. Er traut sich etwas zu.

Wenn Sie diese Karte ziehen,
zeigt sie, dass Sie sich Ruhe für Meditation und Besinnung gönnen sollten. In dieser Stimmung des Rückzuges eröffnen sich neue Dimensionen für Ihr Leben und für Ihre Zukunft. Vielleicht wollen Sie anfangen, künstlerisch zu arbeiten, oder Sie bekommen Informationen aus Ihrem Unterbewusstsein,

die Ihnen völlig neue Perspektiven eröffnen. Bald wird Ihnen klar sein, was Sie wollen. Yogaübungen, Laufen oder ähnliche Körperertüchtigungen sorgen für eine gute Erdung. Auf partnerschaftlicher Basis bietet sich die Möglichkeit des intensiven Austauschs.

Astrologische Entsprechung
Neptun öffnet die Tiefen des Meeres und Merkur die Kommunikation mit dem Kosmos. Diese Impulse ermöglichen Ihnen Weisheit zu erlangen, einerseits durch den geistigen Kontakt zu anderen Welten und andererseits durch den Zugang zu den Tiefen Ihrer Seele. Suchen Sie diese Planeten in Ihrem Horoskop, dort läßt sich diese Karte erleben.

Kelche Tochter - Daughter Cups - Bube der Kelche

Auf dem Bild des Motherpeace badet sich eine junge Frau, sie lässt sich vom Wasserfall beplätschern und gibt sich ganz den Genüssen des Wassers hin. Sie entspricht dem Wesensanteil des Menschen, der spielen und lieben möchte. Ein junger Baum, der voll im Trieb steht, streckt sich nach ihr aus, beide

erfreuen sich an ihrer Jugendlichkeit und Frische. Die dominanten Elemente Wasser und Erde symbolisieren ihre große Empfänglichkeit. Ihre Wünsche malt sie sich ganz konkret aus, was letztlich dazu führt, dass sie wahr werden. Leise und zärtlich singt sie im Teich magische Lieder. Vielleicht gelingt es ihr, sich so tief zu entspannen, dass sie für einen Augenblick die Einheit mit dem Göttlichen verspürt. Die Schildkröte verweist auf die Fähigkeit, die geschützten inneren Sphären zu verlassen und wieder ganz in sie zurückkehren zu können. Auf dem Bild trägt die Schildkröte den heiligen Wasserkrug der Indianer, der nach bestimmten Ritualen Wasser aus der Erde zaubert.

Auf dem Bild des Rider-Waite Decks steht ein Jüngling in anmutiger Haltung. In seiner rechten Hand hält er einen Kelch, aus dem ein Fisch herausschaut, der das Unterbewusste symbolisiert. Er fürchtet sich nicht vor ihm und blickt den Dingen zuversichtlich ins Auge.

Wenn Sie diese Karte ziehen,
steht für Sie eine Zeit des fröhlichen Genusses bevor. Überlegen Sie, wie Sie sich Gutes tun können. Besuchen Sie ein Erlebnisbad oder gehen Sie einem anderen Freizeitvergnügen nach, treffen Sie sich mit Freunden, gehen Sie in die Natur hinaus und nehmen Sie die Schönheit unserer Mutter Erde ganz in sich auf. Nehmen Sie sich auch die Zeit, um ganz in sich zu gehen, vielleicht steigen wichtige Informationen aus Ihrem Unbewussten auf. Machen Sie eine Pause in Ihrem Alltag und überlegen Sie, was Ihnen Spaß und Freude bereiten würde. Setzen Sie Ihre Wünsche in die Tat um. Die gewonnene Lebensfreude wirkt auch auf andere belebend und heilend.

Astrologische Entsprechung
Die analogen Tierkreiszeichen dieser Karte sind Fische und Krebs. Sie wirken im Menschen mit gemeinsamen Kräften. Die Fische ermöglichen das tiefe Hinabtauchen und Hineintauchen des Selbstes, Krebs lässt die entstandenen Empfindungen zu. Betrachten Sie die Häuser dieser beiden Zeichen, in welchem Lebensbereich sie zur Auswirkung kommen.

Kelche As - Cups Ace - As der Kelche

Das Motherpeace-Bild zeigt zwei Schwäne auf einem ruhigen See. In der Mitte des Sees steht ein großer Silberkelch, aus dem Wasser fließt. Der Kelch ist das symbolische Gefäß für weibliche Empfänglichkeit. Die Karte versinnbildlicht Liebe, tiefste Empfindungen und Emotionen. Eine Frau segelt mit dem Kopf voraus in das Wasser, Zeichen des Hineintauchens in das Meer der Gefühle, wo Freiheit und die hingebende Liebe zu Hause sind. Die zarten Blau- und Grüntöne bedeuten, dass im stillen Gewässer der Friede und die Freude wohnen.

As

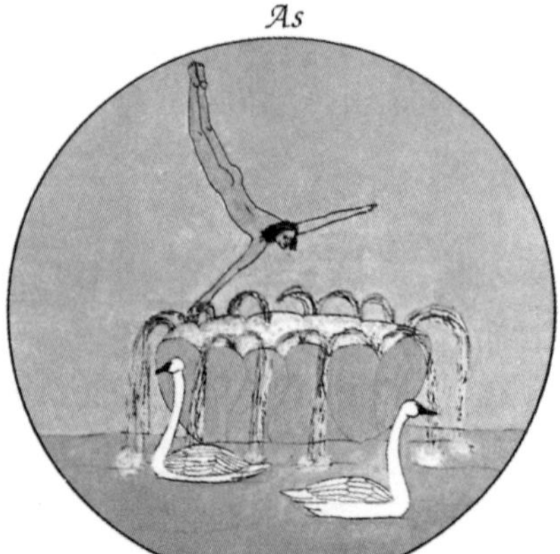

Kelche

Auf dem Bild des Rider-Waite Decks sieht man eine aus einer Wolke herausragende Hand, auf deren Innenfläche ein Kelch steht. Aus dem Kelch ergießen sich fünf Strahlen in das Wasser unterhalb der Hand. Auf dem Wasser schwimmen Seerosen. Eine Taube, die eine Hostie mit einem Kreuz im Schnabel trägt, taucht die Hostie in den Kelch. Aus dem Kelch spritzen Wassertropfen. Befruchtung, Spiritualität und Liebe sprechen aus dem Bild.

Wenn Sie diese Karte ziehen,
freuen Sie sich! Eine Zeit der Glückseligkeit kündigt sich an. Die Liebe wird neu erwachen und Ihnen höchste Genüsse schenken. Ihr Wesen ist fröhlich und Ihre Hingabe an den Frieden sorgt für gegenseitiges Verstehen. Jetzt ist die Zeit für gesellschaftliches Beisammensein, für gemeinsame Unternehmungen und gegenseitigen Austausch. Ihre hervorragende Stimmung macht Sie für die anderen sehr anziehend und Sie erschaffen mit Ihrer fröhlichen, gute Laune eine heitere Atmosphäre.

Astrologische Entsprechung
Das Element Wasser wirkt bei dieser Karte über alle drei Zeichen, nämlich Krebs, Skorpion und Fische. Diese drei Qualitäten sorgen für eine hervorragende Schwingung. Aus der Tiefe entspringen Inspiration und Aufnahmebereitschaft. Ist Ihr Aszendent oder Ihre Sonne ein solches Wasserzeichen, spüren Sie diese Gefühle jetzt besonders stark.

Kelche Zwei - Cups Two - Kelche Zwei

Die Karte der zwei Kelche zeigt eine weibliche und eine männliche Nymphe, die sich mit einem Glas zuprosten. Hier entspringt ein Vereinigungswunsch aus sexuellem Verlangen heraus. Die zwei Delphine im Hintergrund symbolisieren die fröhliche Stimmung der beiden sich Begehrenden. Die Schlange windet sich um ihre Kelche und beißt sich dabei in ihren eigenen Schwanz, was das Schließen des Kreises durch die Vereinigung der beiden darstellt. Am Himmel steigen der Mond und der Abendstern auf, die dieses Paar segnen. Unbewusstes Verlangen paart sich mit der Liebe des Herzens.

Auf dem Bild des Rider-Waite Decks stehen sich zwei Liebende gegenüber, von denen jeder einen Kelch in Händen hält. Aus der Mitte der Kelche ragt der Hermesstab hervor, über den Schlangen erscheint ein geflügelter Löwe. Wenn sich zwei vereinen, entsteht geistig schon ein Drittes.

Wenn Sie diese Karte ziehen,
könnten Sie in Ihrem Innersten eine Sehnsucht nach einer erfüllenden Vereinigung verspüren. Sie befinden sich

in einer sensiblen, empfänglichen und liebevollen Verfassung. Es wäre sinnvoll, wenn Sie sich eine kreative Beschäftigung zum Erden dieser gefühlvollen Empfindungen überlegen würden. Vielleicht wollen Sie ein Bild malen, musizieren oder ähnlichen Aktivitäten nachgehen. Bestimmt werden Ihnen die Ergebnisse große Freude bereiten. Gehen Sie auf andere Menschen ein und schenken Sie ihnen Gehör. Lesen Sie ein schönes Buch und lassen Sie sich auf den Wellen der Emotionen treiben.

Astrologische Entsprechung
Das analoge Tierkreiszeichen zu dieser Karte ist Krebs. Es steht für die unbewussten, noch in der Tiefe der Seele schlummernden Wünsche und Hoffnungen. Suchen Sie den Mond in Ihrem Horoskop, dort sind Ihre Sehnsüchte beheimatet.

Kelche Drei - Cups Three - Kelche Drei

Die drei Kelche auf der Motherpeace Karte symbolisieren volles Glück, Feier und Fröhlichkeit. Niemand aus der frohen Gruppe empfindet die anderen als Bedrohung, sie genießen miteinander die Feierstunde. Um ihrem Tanz einen stärkeren Ausdruck zu verleihen, verwenden sie Symbole und betreiben Magie. Eine Frau hält Schlangen in ihren Händen, eine andere spielt eine Doppelflöte und die dritte Frau hält einen Thyrsos aus geflochtenen Zweigen. Sie tanzen wie in feuriger Trance. Das im halbmondförmigen Teich schwimmende Geschöpf stellt Pegasus dar, der diesen Teich ausscharrte. Die drei graziösen Figuren auf dem Bild trinken daraus, um dadurch Inspiration zu erhalten. Sogar die Weidenbäume im Hintergrund feiern dieses Fest mit.

Auf dem Bild des Rider-Waite Decks tanzen drei bekränzte junge Frauen und stoßen mit ihren Kelchen an, von denen jede einen in der Hand hält. Auf dem Boden liegen Früchte. Ein Bild der Freude und der Dankbarkeit an die Mutter Erde.

Wenn Sie diese Karte ziehen,
sollten Sie sich die Zeit nehmen, ein wunderbares Fest zu feiern. Die himmlischen Geister sind mit Ihnen und werden Ihnen dabei helfen, eine besondere Feier auf die Beine zu stellen. Sie haben eine Zeitspanne Ihres Lebens mit guter Arbeit hinter sich gebracht, nun sollten Sie sich des Lebens einmal richtig erfreuen. Laden Sie sich Gäste ein oder besuchen Sie mit lieben Freunden eine Tanzveranstaltung oder gönnen Sie sich eine klassische Theateraufführung. Es sollte auf alle Fälle ein Erntedankfest werden. Genießen Sie mit Elan den Tag, wie immer Sie ihn sich kreieren wollen!

Astrologische Entsprechung
Das analoge Tierkreiszeichen dieser Karte ist Krebs mit einem leichtem Löwe-Hauch. Suchen Sie den Mond und die

Sonne in Ihrem Horoskop und lassen Sie die Aspekte der jeweiligen Häuser zur Wirkung kommen.

Kelche Vier - Cups Four - Kelche Vier

Auf dem Bild von Motherpeace sieht man eine Frau, die dem Betrachter den Rücken zukehrt. Sie watet vorsichtig durch den Fluss, um den Körper einer symbolischen Heilung zu unterziehen. Diese Karte zeigt eine Zeit des Rückzuges und der Reinigung an. Keiner kann ihr helfen, diese Arbeit muss sie alleine tun. Verletzungen sind passiert und die alten Erinnerungen und Wunden werden weggewaschen. Das Wasser ist die heilende Quelle, die ihr hilft, sich von allem Schmerz und alten Fehlern rein zu waschen. Die Frau befindet sich in einer Krise, sie muss alle noch vorhandenen Kräfte bündeln, damit ein Neubeginn möglich ist.

Auf dem Bild des Rider-Waite Decks sitzt ein Jüngling unter einem Baum, seine Hände hält er verschränkt. Vor ihm im Gras stehen drei Kelche, ein vierter wird ihm von einer Hand, die aus einer Wolke ragt, gereicht. Er nimmt das Geschenk nicht an.

Wenn Sie diese Karte ziehen,
steht Ihnen eine Zeit der Aufarbeitung und der Regeneration bevor. Nehmen Sie sich ein paar Stunden oder gar ein paar Tage Zeit, nur für sich, um Altes hinwegzuspülen. Vielleicht bemühen Sie sich um eine Therapiegruppe oder Sie halten Ausschau nach körperzentrierten Heil-Angeboten oder Sie gehen einfach zum Schwimmen und lassen bewusst los, was Sie belastet. Die Angebote sind vielfältig, auch wäre eine Tarotgruppe eine Möglichkeit für Sie, einen Heilungsprozess in Gang zu bringen. Beschäftigen Sie sich mit Ihren Gefühlen. Bitten Sie Ihre geistigen Helfer um Beistand, und alte Geschichten können endlich zu den Akten gelegt werden. Auch wenn es Mühe bedeutet, sollten Sie diese Arbeit der Seelenreinigung jetzt in Angriff nehmen.

Astrologische Entsprechung
Das analoge Tierkreiszeichen dieser Karte ist Krebs - das Zeichen der Gefühle. Sie wird Ihnen helfen, Verdrängtes aus der Vergangenheit aufsteigen und durch nochmaliges Erleben heilen zu lassen. Sie können auch einen abnehmenden Mondstand abwarten und dann mit seiner Unterstützung Altes loslassen.

Kelche Fünf - Cups Five - Kelche Fünf

Das Motherpeace-Bild zeigt fünf Krüge, von denen zwei ausgeschüttet sind. Aus den Krügen fallen Perlen in die Tiefe. Auf den roten Korallen liegen kleine Seesterne, die im Stande sind ganze Korallenriffe zu zerstören. Diese Karte symbolisiert das Scheitern einer Liebesbeziehung. Ernüchterung, Desillusionierung und Entzauberung beherrschen die Gefühlswelt. Drei Krüge wurden noch nicht ausgeschüttet, sie beweisen, dass noch lange nicht alles verloren ist. Sie symbolisieren die Zukunft, die es zu entdecken und zu gestalten gilt. In diesen drei Krügen wartet die Fülle eines Neubeginns.

5

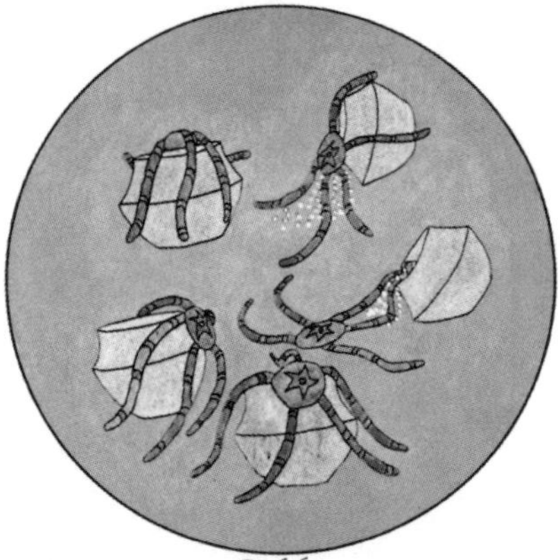

Kelche

Auf dem Bild des Rider-Waite Decks steht eine mit einem langen, schwarzen Umhang bekleidete Person, dem Betrachter den halben Rücken zugewandt, den Blick auf die Erde gerichtet. Auf dem Boden liegen drei Kelche. Hinter ihr stehen zwei weitere Kelche aufrecht, die sie aber nicht sehen kann, es sei denn, sie würde sich umsehen. Ihre Gedanken sind ganz auf das Verlorene gerichtet.

Wenn Sie diese Karte ziehen,
kann es sein, dass Sie mit einer Enttäuschung zu kämpfen haben. Gefühle der Ratlosigkeit oder der Verzweiflung können aufkommen. Aber wie die drei noch gefüllten Kelche andeuten, wartet die Zukunft mit neuen Perspektiven. Oft erkennt man im Leben erst im Nachhinein, wie sinnvoll und not-wendig die schweren Phasen waren. Nur durch sie kann Weiterentwicklung geschehen, ansonsten würde Stagnation sich breitmachen. Blicken Sie nach vorne und stecken Sie sich neue Ziele. Eine innere Kraft wird keimen

und Sie stolz in die Zukunft schreiten lassen. Sie können mit dieser Karte die Dinge zum Besseren wenden.

Astrologische Entsprechung
Diese Karte entspricht dem Tierkreiszeichen Skorpion, der den Stachel ausgefahren hat und zeigt, welche Kraft in ihm steckt! Skorpion ist nicht umsonst das Zeichen für Verwandlung und Transformation. Aber um etwas umwandeln zu können, muss Altes zerbrechen. In welchem Haus steht der Planet in Ihrem Horoskop?

Kelche Sechs - Cups Six - Sechs Kelche

Die Zahl Sechs steht für ein zentrales Ereignis. Neubeginn und Neuorientierung dürfen sich ent-wickeln. Auf dem Motherpeace-Bild werden sechs Kelche von sechs Reitern hochgehalten. Schlangen heben ihre Köpfe, als Zeichen der aufsteigenden Energie im Rückgrat des Menschen. Die Reiter werden mit den Wellen ans Ufer gespült. Das Ziel wurde erreicht, es geht heimwärts. Sie sind offensichtlich in bester Stimmung. Das Symbol des Wassers zeigt an, dass enorme Gefühle mit im Spiel sind. Die Reiter signalisieren ein intensives Auskosten des Erreichten.

Auf dem Bild des Rider-Waite Decks reicht ein Junge in einem Garten eines Innenhofes einen mit Lilien gefüllten Kelch einem Mädchen. Fünf weitere blumengefüllte Kelche stehen bereit. In geschützter Umgebung wagen sie, ihr Herz zu öffnen.

Wenn Sie diese Karte ziehen,
haben Sie allen Grund, sich wie die Reiter auf dem Bild zu freuen. Vielleicht war es ein Erlebnis im Traum, das Ihre Emotionen hochschwappen lässt. Wenn Sie mit einem Partner zusammen sind, können Sie sich auf eine Phase freuen, die Sie wie auf Wellen fortträgt in andere Dimensionen hinein. Mit dieser Karte können solch außergewöhnliche Erlebnisse auch angekündigt werden. Vielleicht steigt die Schlangenkraft in Ihrem Rücken bald empor. Es gibt viele Möglichkeiten, ein ekstatisches Gefühl zu erleben. Sollten aber traurige Gefühle hochkommen, so können diese durch bewusste Umwandlung aufgelöst werden.

Astrologische Entsprechung
Das analoge Tierkreiszeichen dieser Karte ist Skorpion in der Qualität des Wassers. Hochstimmung kommt auf, tiefgründige Erfahrungen erfüllen das ganze Wesen. Suchen Sie den Pluto in Ihrem Horoskop. Das Haus, in dem er steht, sagt Ihnen, welcher Art die besonderen Empfindungen sein können oder in welchem Lebensbereich sie zu erwarten sind!

Kelche Sieben - Cups Seven - Kelche Sieben

7

Kelche

Das Bild von Motherpeace zeigt eine Frau, die in ihren Händen ein Netz hält. Auf ihrem Kopf steht ein Kelch, neben ihr befinden sich sechs weitere Kelche. Aus der Schale auf ihrem Kopf fließen Gaben und Visionen in die übrigen sechs hinein. Aus dieser Quelle scheint es ohne Unterlass zu fließen, das Meer im Hintergrund des Bildes deutet zusätzliche Fülle an. Auf der Schale, die auf ihrem Kopf steht, sitzt eine Taube; sie bringt der Frau Gedanken des Friedens und reichen Segen. Die Frau ist unbewusst. Aus der Fülle der Gaben muss sie entscheiden, welche sie bevorzugt. Nimmt sie alle, könnte ihr das zum Verhängnis werden und alles verlieren. Entscheidet sie sich für die gesegneten Gaben, könnte sie die Kraft der Prophetie erlangen.

Auf dem Bild des Rider-Waite Decks schweben sieben Kelche auf Wolken, von denen aus jedem einzelnen ein anderer Zaubergegenstand hervorschaut. Im Vordergrund der Karte sieht man eine schwarz gekleidete Person, die dem Betrachter den Rücken zuwendet. Die Kelche symbolisieren verschiedenste Wünsche, von denen der eine oder andere vielleicht erfüllt wird.

Wenn Sie diese Karte ziehen,
sind Sie aufgefordert, zu entscheiden, welchen Stellenwert bestimmte Dinge in Ihrem Leben haben. Sind Ihnen die materiellen Werte wichtiger oder sind die Gaben des Geistes für Sie von gößerer Bedeutung oder wollen Sie beides haben? Oft sind diese Prioritäten nicht bewusst. Wo machen Sie Abstriche? Fällt es Ihnen schwer auszusieben, wie das Netz auf dem Motherpeace-Bild andeutet? Wissen Sie den Überfluss zu würdigen? Innere Arbeit und Selbstbesinnung stehen an. Diese Karte hilft Ihnen, Ihre Situation ganz verstehen und entschlüsseln zu können. Holen Sie Ihre Motivationen aus dem Unbewussten an die Oberfläche und betrachten Sie Ihre Gedanken.

Astrologische Entsprechung
Das analoge Tierkreiszeichen dieser Karte ist der Skorpion mit seiner Qualität der Reichhaltigkeit und der Gabe, die Vorgänge des Lebens bis in die Tiefe ergründen und verstehen zu können. Betrachten Sie ohne Illusionen Ihre Beziehungen, jetzt könnnen Sie realistisch denken. In Geldangelegenheiten hilft Ihnen diese Karte, erfolgreich zu sein. Welches Haus Ihres Horoskopes wird von Skorpion beherrscht? Dort können Sie in die Tiefe vordringen.

Kelche Acht - Cups Eight - Kelche Acht

Das Bild der Motherpeace Karte zeigt einen Tintenfisch, an dessen Fangarmen je ein Kelch hängt. Der Tintenfisch kann Tinte absondern, wodurch er im Wasser nicht mehr sichtbar und vor seinem Feind geschützt ist. Acht, die Zahl der Veränderung, deutet an, dass mit dieser Karte eine neue Richtung

8

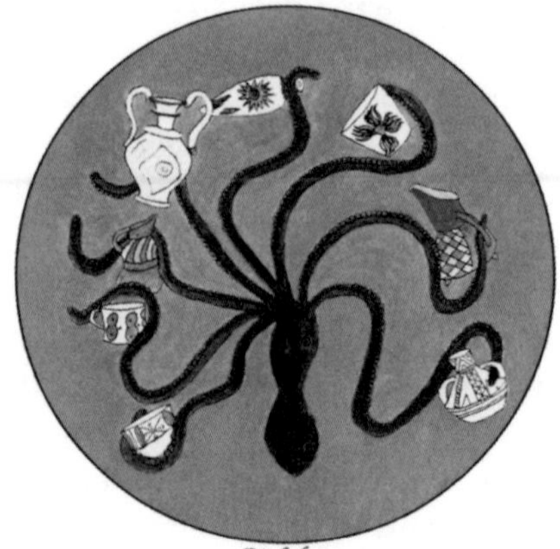

Kelche

eingeschlagen wird. Allerdings geschieht das Umdenken im Unbewussten auf einer tieferen Ebene. Mit dieser Karte werden Sie sich, wie auf dem Bild der Tintenfisch, vor den Augen der anderen schützen wollen und sich ein vorübergehendes Zurückziehen wünschen. Der Inhalt der Kelche, die so unterschiedlich dargestellt sind in Form und Farben, muss als solcher aber erst erkannt werden.

Auf dem Bild des Rider-Waite Decks stehen acht Kelche im Vordergrund aufgereiht. Trotzdem scheint einer zu fehlen, eine Lücke ist erkennbar. Ein rot gekleideter Mann kehrt den Kelchen den Rücken zu und zieht sich in die Berge zurück. Der Vollmond spendet ihm Licht. Die Fülle der Kelche reicht ihm nicht aus. Er geht in die Abgeschiedenheit.

Wenn Sie diese Karte ziehen,

ist für Sie eine Veränderung, tief in Ihrem inneren Wesen schon im Gange. Noch nicht bewusst, wird sich die neue Phase durch Stimmungsveränderungen kundtun. Seien Sie nicht überrascht, wenn Sie die nächste Zeit keine Kontakte suchen und Ihnen nicht nach großen Diskussionen zumute ist. Mag sein, dass Sie sich schönere Lebensphasen vorstellen können, aber Sie wissen auch, dass diese Einkehrzeiten ab und zu notwendig sind.

Lassen Sie kein Selbstmitleid zu und akzeptieren Sie diese Zeit des Umdenkens. Freuen Sie sich schon jetzt darauf, was in den Kelchen, jetzt noch verborgen, auf Sie wartet!

Astrologische Entsprechung

Das analoge Tierkreiszeichen dieser Karte sind die Fische, Symbol für die unsichtbaren Dinge im Leben, die ebenso wertvoll sind wie die sichtbaren. Dort in den Tiefen des Unbewussten werden die Geheimnisse von morgen geboren. Suchen Sie den Neptun in Ihrem Horoskop und sinnieren Sie über das Lebensgebiet nach, in dem er steht, dort können Sie schürfen!

Kelche Neun - Cups Nine - Kelche Neun

Wie auf dem Bild von Motherpeace sofort zu erkennen ist, bedeutet diese Karte Freude, Fülle und Genuss. Diese Frauen drücken ihre Freude aus, indem die eine ein Rad schlägt, die andere einen Handstand wagt und wieder eine andere mit erhobenen Armen zum Wasser eilt, um sich darin zu laben. Die neun Kelche sind reichlich angefüllt mit den Geschenken der zukünftigen Zeit. Durch die

Liebe der kosmischen Mutter sind sie von Energie durchströmt und sie gebrauchen die Gabe der Weissagung. Die Weidenbäume im Hintergrund sind zutiefst gerührt. Durch kreativen Gedankeneinsatz erhalten sie, was sie sich von der Mutter Erde wünschen.

Auf dem Bild des Rider-Waite Decks sitzt ein wohlgenährter Mann mit verschränkten Armen und schelmischem Blick auf einem Hocker. Hinter ihm stehen die neun Kelche auf einer Theke aufgereiht. Sie sind sein, und es liegt an ihm zu geben oder nicht, er freut sich.

Wenn Sie diese Karte ziehen,
steht Ihnen eine gute Zeit bevor. Neun ist immer eine Zahl der Vollendung. Sie haben in der Vergangenheit gute Arbeit geleistet und nun ist ein Abschnitt der Ernte gekommen. Freuen Sie sich, denn diese Karte ist eine ausgesprochene Glückskarte. Die Karte besitzt den Wert einer Sternschnuppe, wünschen Sie sich was! Glauben Sie fest daran und Ihre Sehnsucht wird sich erfüllen. Lassen Sie keine Zweifel aufkommen, denken Sie in Liebe an das Ziel und es wird realisiert werden. Sie befinden sich in einem inneren und äußerem Gleichgewicht.

Astrologische Entsprechung
Das analoge Tierkreiszeichen dieser Karte sind die Fische in ihrer Qualität der All-Liebe und Sensibilität. Sie haben jetzt einen guten Zugang zum Übersinnlichen, die Intuition ist ausgeprägt und Vertrauen bestimmt Ihre Haltung. Dieser Zustand ermöglicht die Erfüllung der Wunschkarte!

Kelche Zehn - Cups Ten - Kelche Zehn

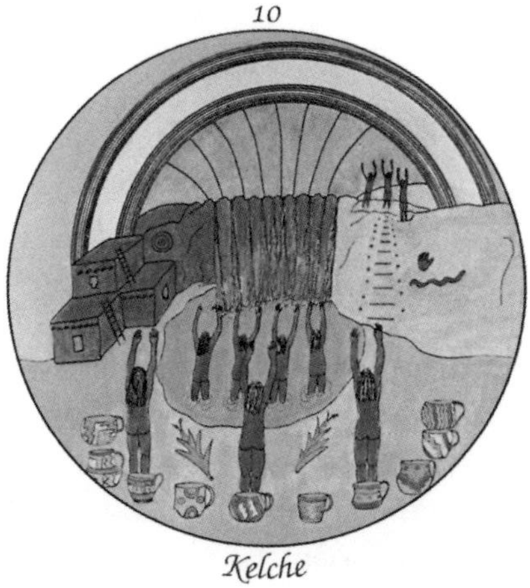

Die Karte versinnbildlicht, dass durch Energiekonzentration, die eine Gemeinschaft erreichen kann, Machtvolles möglich wird. Auf dem Motherpeace-Bild beten die Mitglieder einer Gemeinschaft Regen herbei. Einer allein könnte nichts bewirken, seine Energien reichen nicht aus, um solche Ergebnisse erzielen zu können. Ein bewusster Mensch weiß, dass er allein im Leben nichts bewirken kann, dass er nicht der "Macher" ist, sondern jeder auf die Mithilfe des anderen angewiesen ist. Froh und voller Dankbarkeit strecken die Menschen auf dem Bild die Arme zum Himmel, wissend, dass sie gemeinsam alles vermögen, solange ihre Wünsche die kosmische Harmonie nicht stören und die Menschen in Respekt vor der Natur leben. Die Zehn stellt im Tarot und in der Astrologie ein zusammenfassendes Resultat dar.

Auf dem Bild des Rider-Waite Decks steht ein Ehepaar in einer Landschaft, die rechte Hand des Mannes liegt um die Taille der Frau, beide heben eine Hand zum Himmel. Die zehn Pokale über ihnen bilden einen Regenbogen. Neben dem Paar tanzen zwei Kinder vergnügt im Reigen. Ihr

Reichtum liegt im Bereich des Unsichtbaren, der Liebe. Gemeinsam sind sie glücklich.

Wenn Sie diese Karte ziehen,
befinden Sie sich in einer Phase, in der Sie gemeinschaftlich mit anderen die Früchte einer langen Periode einfahren dürfen. Ihnen ist bewusst geworden, dass ohne göttlichen Segen und ohne das Einverständnis des Kosmos nichts wirklich Großes erreicht werden kann. Sie haben sich Ihrer inneren Stimme oder anderen spirituellen Hinweisen geöffnet und führen nun ein bewussteres Leben als die meisten anderen Menschen. Dankbarkeit und Anerkennung für alles was ist, werden Ihr Lebensmotto sein. Mit Ihren Gefühlsantennen kann es Ihnen mit dieser Karte gelingen, die Quelle der Urweisheit anzuzapfen.

Astrologische Entsprechung
Die analogen Tierkreiszeichen dieser Karte sind alle drei Wasserzeichen Krebs, Skorpion und die Fische. Wenn eines dieser Zeichen in Ihrem Horoskop Ihre Sonne oder Ihren Aszendenten darstellt, dann wird es Ihnen leichter als anderen Menschen fallen, die Zusammenhänge von Mensch und Kosmos zu verstehen.

Schwerter - Swords - Schwerter

Alle Schwert - Karten stehen für das Element Luft. Mit ihnen kommt die Energie durch geistige Aktivität, durch Ideen und den Verstand zum Ausdruck. Die gelbgrüne Farbe auf den Motherpeace-Karten unterstreicht die geistige Luftqualität. In der Astrologie findet das Element Luft seine Entsprechung in den Luftzeichen Zwilling, Waage und Wassermann sowie den dazugehörigen Planeten Merkur, Venus und Uranus.

Schwerter Priesterin - Swords Priestess - Königin Schwerter

Auf dem Motherpeace-Bild lässt die Priesterin der Schwerter eine Schneeeule fliegen, die die Göttin Athene symbolisiert, Hüterin des kühlen Verstandes. Sie verrichtet ihre Arbeit in einer eisigen Landschaft unter dem leitenden Licht des Vollmondes. Ihre strengen Gedanken und Ideen werden durch Kristalle dargestellt. Sie herrscht mit der Macht ihres Geistes und ihrer scharfen Zunge. In der Tarottradition wird sie als Witwe oder allein lebende Frau dargestellt. Die goldene Axt an ihrer Seite steckt im Schnee und erdet ihre Gedanken. Diese Axt ist Zeichen ihrer administrativen Macht. Ihr Pelzmantel ist warm, wahrscheinlich das Fell eines Eisbären. Die Priesterin der Macht ist eine Denkerin, ein Medium. Die Eule versinnbildlicht ihren Gedankenflug. Auf höherer Ebene deutet sie auf das Geheimnis des schamanistischen Fluges und die Fähigkeit der Seele, den Körper zu verlassen, um in andere Reiche zu reisen. Als Nachtvogel verweist sie auf die Botschaften der Traumwelt. Die Priesterin der Schwerter kann eine geistige Lehrerin sein oder ein Vorbild. Das rosa Licht auf der Karte zeugt von ihrer Herzenswärme, sie ist von ihren Gefühlen nicht abgeschnitten, sie hält sie nur zurück.

Auf dem Bild des Rider-Waite Decks sitzt die Königin auf ihrem Thron, in der rechten Hand hält sie ein Schwert, das sie auf die Armlehne stützt. Den linken Arm hält sie ausgestreckt und mit offener Hand nach vorne. Ihr Blick ist streng. Sie lebt nach den Regeln des Gesetzes.

Wenn Sie diese Karte ziehen,
können Sie ein bestimmtes Projekt oder eine Aufgabe angehen, für die ein kühler Verstand erforderlich ist. Es ist die Zeit des großen Nachdenkens, der Schlußfolgerungen und des Wissens. Vielleicht stehen Ereignisse bevor, für die Sie eine sichere Distanz zur Gefühlswelt benötigen. Beziehungen sollten Sie einmal ganz nüchtern betrachten, durch eine emotionslose Analyse können Sie neue Erkenntnisse gewinnen. Der Beginn eines Studiums oder einer Schulung würde Ihnen jetzt leichtfallen. Bestimmten Impulsen und Inspirationen können Sie durchaus Vertrauen schenken.

Astrologische Entsprechung
Das analoge Tierkreiszeichen dieser Karte ist Waage, mit den Planeten Venus und Uranus, diese beiden wirken gemeinsam. Venus sucht den Ausgleich und Uranus sorgt für Einfälle und Ideen aus der astralen Welt. Sie könnten sich in eine stille Atmosphäre zurückziehen, wo Ihr Geist ohne Ablenkungen durch Lärm meditieren kann. Ihre Weisheit zeigt Ihnen den Weg. Stellen Sie die Position der Waage fest, dort erlangen Sie innere Ruhe.

Schwerter Schamanin - Shaman Swords - König der Schwerter

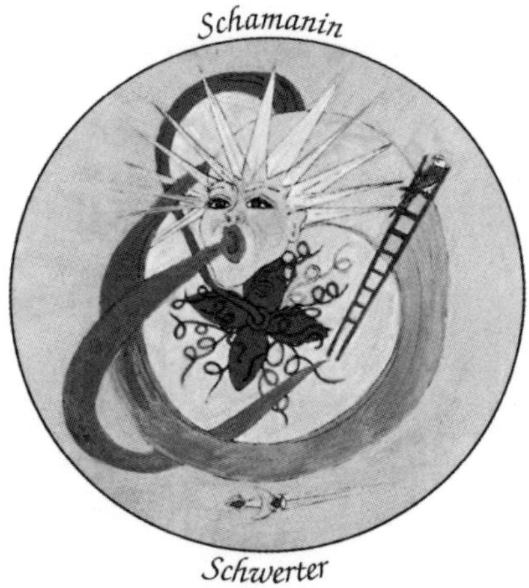

Die Schamanin der Schwerter steht für die höheren Dimensionen der Luft: Verstand und Einsicht. Auf dem Motherpeace-Bild sieht man, wie die Schamanin große Luftmassen aus ihrem Mund bläst, die sich zu Wind entwickeln, der ein Symbol für den freien Willen darstellt. Das Bild der Leiter symbolisiert den Geist dieser Frau, der in den Himmel auf- und wieder absteigen kann. Der Vogel auf der Leiter versinnbildlicht einen Milan, seit alters her der symbolische Vogel für das Hellsehen. Die vierblättrige Blume weist auf die vier Himmelsrichtungen, die vier

Elemente und die vier Winde hin. In ihrem Mittelpunkt verbirgt sich das fünfte Element „die Quintessenz", der Odem. In dieser Karte wird diese Quintessenz in die Manifestation entlassen. Die rote Farbe zeigt Kraft und die Macht inneren Wissens an. Die blaue Farbe der Luft, die ihrem Mund entströmt, stellt die Stimme eines höheren Geistes dar. Aktiv schreitet sie in die schamanistische Handlung.

Auf dem Bild des Rider-Waite Decks sitzt der König auf seinem Thron, den Blick ernst und streng nach vorne gerichtet. Er hält sein Schwert zum Kampfe bereit erhoben. Seine Gedanken sind machtorientiert.

Wenn Sie diese Karte ziehen,
können Sie jetzt willentlich Zugang zu den feinstofflichen Welten bekommen. Die Karte besitzt einen enormen Anteil an feurigen Empfindungen und großer Gedankenkraft. Sie zeigt, dass Sie sich in einer Phase befinden, in der Sie viel Weisheit besitzen. Die Zeit wäre geeignet, das Wissen anderen zugänglich zu machen. Das notwendige Feuer und Mut stehen Ihnen zur Verfügung. Wissen ist Macht, setzen Sie beides zum Wohle der anderen ein, in bestimmten Gruppen oder durch Veröffentlichungen, durch Vorträge oder in Ihrem beruflichen Umfeld.

Astrologische Entsprechung
Das analoge Tierkreiszeichen dieser Karte ist Waage und der Planet Uranus. Uranus als der Himmelsbote und die Waage mit der Fähigkeit, für beide Seiten einer Sache offen zu sein. Suchen Sie Uranus und Venus in Ihrem Horoskop, dort können Sie mit Ihren geistigen Fähigkeiten brillieren.

Schwerter Sohn - Swords Son - Ritter der Schwerter

Das Bild der Motherpeace Karte zeigt einen wankelmütigen Ritter. Sein Goldhelm, sein Schwert und die Beinkleider weisen ihn als den archetypischen Helden aus, der die Frau, die Mutter nicht akzeptierte. Symbolisiert wird die Ignoranz durch die weiße Taube, die er fest im Griff hält. Er ist bereit zu töten. Wenn er die Schatztruhe der Weisheit, die hinter ihm steht, entdeckt, vergißt er möglicherweise die Taube und der Kontakt zu Gefühl und Spiritualität wären hergestellt. Dieser würde ihm lehren, seine Triebe zu beherrschen. Im Bild ist kein Wasser zu sehen, das Sensibilität offenbaren würde. Er will mit ganzer Macht seine Umwelt beherrschen, was jedoch nur Unheil bringen würde. Wenn dieser Sohn es schafft, sich mit der Taube und den am Boden liegenden Rosen zu identifizieren, kann seine Macht jedoch heilbringend wirken. Wenn nicht, wird er mit dem Schwert einen kalten Kampf führen.

Auf dem Bild des Rider-Waite Decks reitet der Ritter im stürmischen Galopp über die Landschaft. Stets bereit anzugreifen oder zu kämpfen, wenn es sein muss, auch zu töten. Er ist nicht aufzuhalten und er kann gefährlich werden.

Wenn Sie diese Karte ziehen,
sind Sie in Gefahr, ein Problem mit dem nackten Verstand anzugehen. Versuchen Sie, das Gefühl nicht außer Acht zu lassen. Nur vom Kopf getroffene Entscheidungen könnten die falsche Lösung sein. Seien Sie auf der Hut und passen Sie auf, dass Sie niemanden verletzen. Ihre Handlungen berühren sowohl Ihre eigene Seele als auch die Menschen in Ihrer Umgebung. Diese Karte zeigt an, dass das Denken zu kalt geworden ist. So wie die geschnittenen Blumen auf dem Boden liegen, so laufen Sie jetzt Gefahr, unachtsam zu handeln. Stellen Sie wieder die Berührung mit Ihrem Herzen her.

Astrologische Bedeutung
Schwerter Sohn zeigt die herbstliche Jahreszeit an, die Qualität der Tierkreiszeichen Waage, Skorpion und Schütze. Die Harmonisierung durch Waage ist möglich, Skorpion schenkt Ideen und Schütze symbolisiert die Bereicherung, wenn die Symbiose von Achtsamkeit und Verstand erreicht wird. Verfolgen Sie den Weg dieser Zeichen in Ihrem Horoskop.

Schwerter Tochter - Swords Daughter - Bube der Schwerter

Die Karte des Motherpeace-Bildes symbolisiert den jungen Menschen, der sich ungeduldig, ungestüm und rebellisch gibt. Das Kleid, das er trägt, ist das einer amazonischen Kriegerin. Durch ihr Haar stürmt der Wind, sie selbst ist zum Kampf bereit. Sie steht fest geerdet auf einem Felsen. Sie holt sich vom Nordwind Unterstützung für ihre Kräfte. Der pferdegestaltige Wind auf der Karte ist möglicherweise ihre Mutter. Der Eber auf dem Bild symbolisiert leidenschaftliche Entschlossenheit.

Die Bergziegen sind Mutter und Kind, die die Person schützen. Diese Karte ist Sinnbild für die scharfe Intelligenz dieser Kämpferin. Der Lochstein, ein keltischer Kultstein, stellt die Quelle ihrer Weisheit dar. Sie kämpft für ihre Ideale.

Auf dem Bild des Rider-Waite Decks steht ein unentschlossener Jüngling auf einem Hügel, in seinen Händen hält er ein Schwert. Er zögert zu kämpfen und trotzdem spürt er, dass er es lernen soll, mit dem Schwert umzugehen.

Wenn Sie diese Karte ziehen,
sind in Ihnen heftige, stümische Energien vorhanden. Jetzt könnten Sie mit großem Elan ein neues Projekt angehen, ungeklärte Situationen mit Ihrem wachen Verstand bereinigen und eine Unmenge neuer Ideen aufnehmen. Um Verletzungen zu vermeiden, sollten Sie vorsichtig an die Dinge herangehen. Bedenken Sie Ihre Vorhaben gründlich. Mit Ihrem Unternehmungsgeist und Ihrem Tatendrang können Sie jetzt Schritte unternehmen, die Sie sich bisher nicht zugetraut haben. Diese Karte gibt Ihnen den notwendigen Mut.

Astrologische Entsprechung
Das analoge Tierkreiszeichen dieser Karte ist Waage mit allen drei Luftzeichen-Herrschern Venus, Uranus und Merkur. Ihr

flinker, konzentrierter Geist spornt zu großen Taten an. Zögern Sie nicht, diese Karte ist voller Energie und Wissen! Suchen Sie den Merkur im Horoskop, dort realisiert sich Ihr Verstand.

Schwerter As - Swords Ace - As der Schwerter

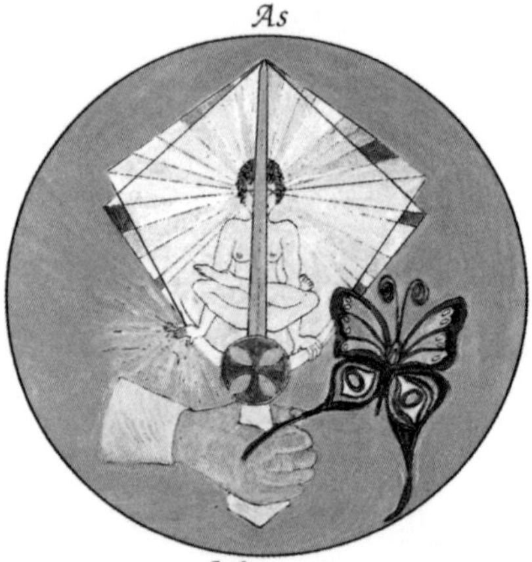

Das Schwert As stellt die Leistungsfähigkeit auf geistiger Ebene dar, die durch die rechte Hand auf dem Motherpeace-Bild symbolisiert wird. Das Schwert wird fest und sicher gehalten, der Wille ist auf ein Ziel gerichtet. Der zunehmende Mond bedeutet Wachstum. Der Geist konzentriert sich auf ein bestimmtes Ziel und die Tathand ist voller Willensstärke. Jetzt kann sich der Entschluss manifestieren. Das Bild auf der Motherpeace Karte zeigt einen Lichtkörper, den es zu erreichen gilt. Die auf dem Bild dargestellte Person schwebt auf der zunehmenden Silbersichel des Mondes. Das Schwert formt die Achse ihres Körpers. Ihre Meditation fördert die Erlangung der Erleuchtung. Der zunehmende Mond siganlisiert, dass das Vorhaben wachsen und gelingen kann.

Auf dem Bild des Rider-Waite Decks ragt eine Hand aus einer Wolke, die ein Schwert fest umklammert hält. Auf der Spitze des Schwertes hängt eine goldene Krone, von zwei grünen Zweigen geschmückt. Die Hand ist kräftig, das Schwert gekrönt, aber die Landschaft darunter ist öd. Fülle und Verlust liegen eng beieinander.

Wenn Sie diese Karte ziehen,
ist die Zeit für einen Neubeginn gut. Sei er auf beruflicher Ebene, partnerschaftlich verstanden oder einen anderen Wunsch betreffend. Asse symbolisieren die Zahl eins, die für Neues, für das in die Erscheinung treten, steht. Auf der feinstofflichen Ebene kann diese Karte eine Sehnsucht nach Transformation auslösen, und wie der Schmetterling auf dem Bild, ein Verlangen nach Reisen in geistige Höhen in Ihnen wecken. Diese Karte ist die Geburtsstätte eines gefassten Entschlusses. Die Gabe der Zukunftsschau beginnt zu keimen und Visionen können aufsteigen. Sie können sich jedes Wissensgebiet erobern, das Sie interessiert. Der Verstand ist Ihre größte Waffe und Ihr bestes Werkzeug.

Astrologische Entsprechung
Alle drei Luftzeichen wie Zwilling, Waage und Wassermann regieren diese Karte. Wenn Ihr Aszendent oder Ihr Sternzeichen eines dieser Symbole trägt, so ist die Karte für Sie doppelt wirksam. Mit Ihren geistigen Einfällen sind Sie anderen eine Nasenlänge voraus!

Schwerter Zwei - Swords Two - Schwerter Zwei

Auf dem Motherpeace-Bild sind die zwei Schwerter leicht wie Federn und stellen eine unendliche Schwerelosigkeit und Ruhe dar. Die Frau möchte in ein inneres geistiges

Gleichgewicht kommen und dazu übt sie auch mit ihrem Körper, die Balance zu halten. Sie lässt sich von dem Storch, der im Hintergrund zu sehen ist, dabei helfen. Da der Storch dem Sinnbild von Fruchtbarkeit entspricht, erwartet die Person auf dem Bild, dass ihre Arbeit Frucht bringen möge, geistige Frucht. Der Ozean und der blaue Nachthimmel sowie der Vollmond unterstützen die Übende, in ein ruhiges Gleichgewicht zu gelangen. Langsames und entspanntes Atmen und Ruhe im Raum sind die Voraussetzungen für ihr angesteuertes Ziel.

Auf dem Bild des Rider-Waite Decks sitzt eine Gestalt mit verbundenen Augen und mit zwei auf der Brust gekreuzten Schwertern auf einem Hocker am Strand. Am Himmel leuchtet die Mondsichel. Sie verschließt ihre Sinne und ihr Herz.

Wenn Sie diese Karte ziehen,
sollten Sie in die Ruhe und Entspannung gehen. Vielleicht wollen Sie in einer Gruppe Yoga oder Qi Gong oder ähnliche Übungen studieren, um eine innere Seelenruhe zu erreichen. Vielleicht wollen Sie die Übungen lieber zuhause ausführen oder irgendwo in der Natur. Wenn der Geist zur Ruhe kommen kann, erwachsen daraus neue Kräfte und

Energien für den Alltag. Werden die Übungen regelmäßig und Ihre Handlungen teilweise schon bewusst ausgeführt, kann es sein, dass Sie die Kundalini bald in Ihrem Rücken aufsteigen spüren. Die Stufen zur Erleuchtung beginnen. Bis die Schlangenkraft schließlich in den Kopf hinaufsteigt und dort das Gehirn aktiviert.

Astrologische Entsprechung
Das analoge Tierkreiszeichen dieser Karte ist Waage in ihrer Qualität der Harmonie. Diese Karte unterstützt alle Ihre Friedensbemühungen und Ihren Gerechtigkeitssinn. Der Planet der Waage ist die Venus, die Ihnen helfen wird, innere und äußere Harmonie zu erreichen. Das Haus, in dem das Waagezeichen steht, ist Ihr Haus der Harmonie!

Schwerter Drei - Swords Three - Schwerter Drei

Die drei Schwerter weisen auf eine Gruppenaktivität. Wie beim Dreieck sind alle drei Linien miteinander verbunden. Doch wie das Bild des Motherpeace veranschaulicht, müssen diese Verbindungen unterbrochen und aufgelöst werden. Das geschieht nicht ohne Kampf.

Diesem Bild gehen Probleme voraus, die diese drei Gestalten miteinander haben. Also lassen sie sich auf einen harten Kampf ein, damit eine Lösung herbeigeführt werden kann. Wahrscheinlich geht es hier um einen Beziehungskampf, jemand hat Angst und Sorge, die oder den Geliebten zu verlieren. Um nicht verletzlich zu sein, haben die Frauen auf dem Bild sich Vogelkostüme angelegt. Diese Masken sollen sie schützen, ihr Ego soll nicht erkannt werden, doch über ihre Gedanken sind sie trotzdem verbunden. Die Gänseblümchengirlande im Vordergrund des Bildes symbolisiert das Gefangensein dieser drei innerhalb eines Territoriums. Wenn sie es nicht schaffen, in den Kampf die Herzensliebe einfließen zu lassen und ihn dadurch in einen Tanz umzugestalten, wird das Ende schmerzvoll sein.

Auf dem Bild des Rider-Waite Decks wird ein großes rotes Herz von drei Schwertern durchbohrt. Starker Regen fällt aus den Wolken im Hintergrund. Blut fließt nicht aus der Wunde, sie ist alt, Verletzungen schmerzen noch.

Wenn Sie diese Karte ziehen,
sind Sie möglicherweise auch in einen geistigen Kampf verwickelt. Es kann auch sein, dass Sie im Kampf mit sich selbst liegen, dass verschiedene Aspekte Ihrer Gedanken Sie nicht zur Ruhe kommen lassen. Es ist immer das Ego, das kämpft. Halten Sie inne und überlegen Sie, ob sich ein solcher Kampf überhaupt lohnt. Wofür kämpfen Sie und was erwarten Sie sich von dieser Auseinandersetzung? Diese Karte zeigt an, dass es ein überflüssiger Kampf ist. Wie unklar sind die Gefühle des Partners, wenn Sie sich seinetwegen auf einen Kampf einlassen müssten? Wie stehen Sie zu diesem Menschen? Werden noch andere Menschen von diesem Kampf berührt, vielleicht Kinder? Dann können Sie nicht mehr nur für sich

allein entscheiden. Könnten Sie sich eine Entwicklung vorstellen, die Sie unabhängig macht vom Verhalten anderer? Lassen Sie sich dabei helfen. Stöße, die mitten ins Herz gehen, bergen auch die Chance, ein reiferer Mensch zu werden, einer der von den schweren Seiten des Lebens nicht verschont worden ist. Lassen Sie sich nicht von Selbstmitleid gefangen nehmen!

Astrologische Entsprechung
Das analoge Tierkreiszeichen ist Waage, in seiner Funktion ein Bild für Ausgleich, Frieden und verhaltenes Handeln. Die Waage schafft es, Ungerechtigkeiten einzustecken und mit ihrer Zurückhaltung eine Eskalation zu vermeiden. Diejenigen, die ihren Schwertstoß tapfer tragen, sind am Ende die mitfühlenderen und toleranteren Menschen. Suchen Sie in Ihrem Horoskop die Venus und Sie werden wissen, wo Ihnen Harmonie gegönnt ist!

Schwerter Vier - Swords Four - Schwerter Vier

Das Motherpeace-Bild zeigt eine meditierende Frau in einem pyramidenförmigen Zelt. Die vier Ecken des Zeltes werden an den Enden von den vier Schwertern festgehalten. Hinter der Frau steht eine farbige Säule, die die Chakren, die Energiezentren in der Wirbelsäule, der Frau symbolisieren. Sie sitzt in aufrechter Haltung und meditiert. Das Zelt versinnbildlicht einen fest umgrenzten Raum, den diese Person benötigt, um sich in der Abgeschiedenheit konzentrieren zu können. Sie reflektiert verschiedenste Gedanken und Ereignisse und will jetzt ihren Geist von allen negativen Einflüssen reinigen, damit sie so selbst Heilung erfahren kann.

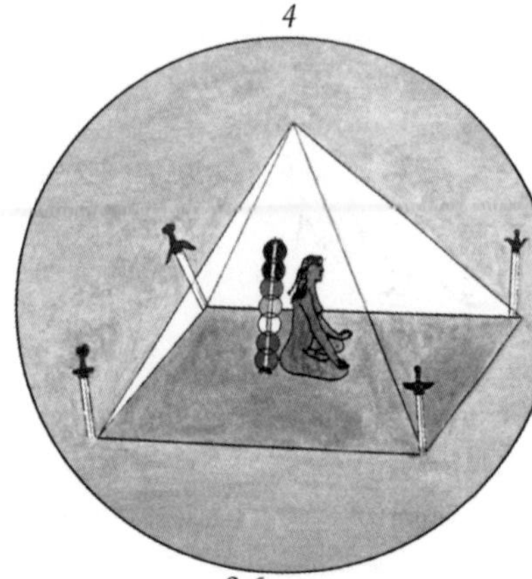

Durch die Pyramidenform des Zeltes erreicht sie auf der Zeltspitze eine starke Energiezusammenballung, mit der sie hofft, kosmische Kraft herunterziehen und für ihre Zwecke einsetzen zu können.

Auf dem Bild des Rider-Waite Decks liegt eine Ritterstatue mit gefalteten Händen auf einem Sarg. Neben ihr liegt ein Schwert, an der Wand hängen drei weitere Schwerter. Im Hintergrund ist ein farbiges Hinterglasbild befestigt, auf dem eine Frau ein Kind segnet. Das Zurückziehen bringt Segen.

Wenn Sie diese Karte ziehen,
wäre die Zeit günstig, sich ernsthaft zurückzuziehen und eine Phase der Reinigung einzuläuten. Suchen Sie sich einen für Sie fest umgrenzten Raum, in dem Sie niemand stören kann, stecken Sie ihn sich einfach geistig ab. Vielleicht ist es eine ruhige Stelle an einem Teich, oder Sie gehen in eine einsame Kirche. Sie werden es selbst spüren, wo Sie sich wohl fühlen. Dann betrachten Sie Ihr Leben und bitten um Heilung. Diese Reinigung kann neue transzendente Erfahrungen in Ihr Leben tragen. Wenn Ihnen die Arbeit gelingt, können Sie diesen Frieden auf andere Menschen übertragen.

Astrologische Entsprechung
Das analoge Tierkreiszeichen ist die Waage, Sinnbild für Ruhe und Ausgeglichenheit. Harmonisieren Sie sich mit den oben beschriebenen Techniken und Sie werden als neuer Mensch aus dem Prozess hervorgehen. Wenn Sie das Haus in Ihrem Horoskop suchen, in dem die Waage steht, wissen Sie, in welchem Lebensbereich Ihnen die Harmonie besonders gut gelingen wird.

SCHWERTER FÜNF - SWORDS FIVE - SCHWERTER FÜNF

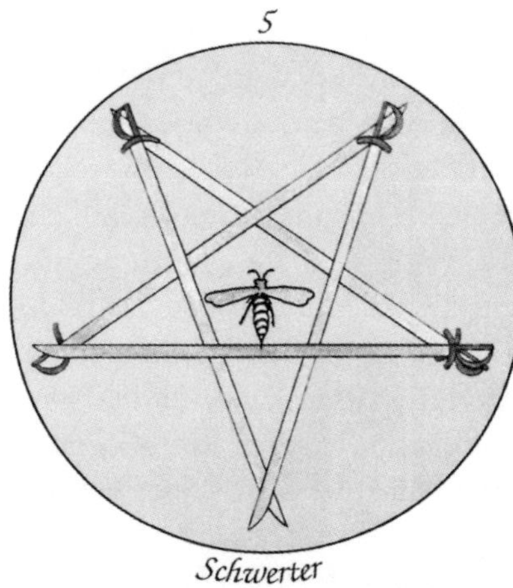

Auf dem Bild der Motherpeace Karte sieht man ein Pentagramm, dessen Energie nach unten gerichtet ist, kein gutes Omen, sondern ein Zeichen für eine ungute Erfahrung oder zumindest eines Kampfes. Die Wespe in der Mitte des Pentagrammes hat einen Stachel, der den Schmerz der Auseinandersetzung symbolisiert. Der Hintergrund des Bildes ist gelb, Sinnbild der geistigen Kraft, die bereitsteht, um die Probleme mit dem Intellekt lösen zu können.

Auf dem Bild des Rider-Waite Decks steht im Vordergrund ein junger Mann, der in der linken Hand zwei

Schwerter, mit der Spitze nach oben gerichtet und an seine Schulter gelehnt, hält. Die rechte Hand stützt er auf ein anderes Schwert. Sein Ausdruck ist fröhlich. Auf dem Boden liegen noch zwei weitere Schwerter. Zwei Männer im Hintergrund wenden sich von ihm ab und gehen betrübt von dannen. Die Wolken am Himmel wirken wie Blitze. Ein unfairer Kampf hat stattgefunden.

Wenn Sie diese Karte ziehen,

werden Sie möglicherweise in einen Streit hineingezogen oder Sie befinden sich auf mentaler Ebene schon darin. Vielleicht spüren Sie Aggressionen, die Sie gegen jemanden hegen und Sie haben Angst, den Ärger offen auszusprechen und fühlen nur den Stachel, den Sie jemanden hineinjagen möchten. Sehen Sie sich den Ausgangspunkt dieses Konfliktes genau an und überlegen Sie, welche Botschaft er für Sie beinhaltet. Achten Sie im Disput darauf, dass Sie nur über Ihre Gefühle sprechen, vermeiden Sie eine Bewertung Ihres Gegenübers. Dann kann die im Hintergrund des Bildes wartende, strahlende geistige Energie in den Konflikt miteinfließen, so dass der Streit beigelegt werden kann, ohne dass er Verletzungen verursacht. Sie sind entschlossen, Ihre Ziele zu erreichen und kämpfen auf einer Ebene, die dem Widersacher nicht die Würde nimmt.

Astrologische Entsprechung

Das analoge Tierkreiszeichen dieser Karte ist Wassermann in der Qualität, Ungleichheiten ausgleichen zu wollen. Wassermann steht deshalb als Gemeinschaftszeichen, da er symbolisch für die Überwindung der Subjektivität steht. Suchen Sie den Uranus in Ihrem Radix, dann wissen Sie, wo es Ihnen gelingen wird Polaritäten aufzuheben. Fühlen Sie sich vom Wassermannzeitalter inspiriert.

Die Frauen auf dem Motherpeace-Bild treffen in einem Zentrum zusammen, jede trägt eine rote Rose als Zeichen der Heilung des Herzens wie auch ein Messer, als Zeichen der Wahrheit. Gemeinsam fliegen sie über den Hain der dreizehn heiligen immergrünen Bäume. Die braune Farbe der Berge im Hintergrund zeigt an, dass dort der Herbst des Lebens beginnt. Ihre Gedanken beschäftigen sich mit dem Absterben aller Formen, aber ihr klares Wissen über die Ganzheit und die Zusammenhänge des Lebens lässt darüber keine Verwirrung aufkommen, auch wenn das übergeordnete Erkennen nicht immer angenehm ist.

Auf dem Bild des Rider-Waite Decks befördert ein Fährmann eine erwachsene Person und ein Kind auf einem Floß, in dem sechs Schwerter stecken, über einen Fluß. Schweres liegt hinter ihnen, ein neues Ufer wird angesteuert.

Wenn Sie diese Karte ziehen,
befinden Sie sich auf einer Entwicklungsstufe, auf der Sie fähig sind, die Dinge aus einer gewissen Entfernung zu betrachten. Ihre Sichtweise ermöglicht es Ihnen, den größeren

Rahmen, den eine Sache umgibt, wahrzunehmen. Das führt dazu, dass Sie mit den Verletzungen, die Ihnen zugefügt wurden, besser umgehen können als andere Menschen, da Sie im Stande sind, diese in Ihr ganzheitliches Denken zu integrieren. Das sind heilsame Vorgänge, von denen alle Menschen profitieren. In dieser Position werden Sie keine Urteile mehr fällen und so tragen Sie zum friedlichen Miteinander der Menschheit bei. Sie besitzen Charme, hohe Intelligenz und sind bereit, sich für die anderen einzusetzen.

Astrologische Entsprechung
Das analoge Tierkreiszeichen dieser Karte ist Wassermann in seiner Entsprechung die Fähigkeit, über den Dingen stehen zu können, und das eigene Ego in den Hintergrund treten zu lassen. Ihre Ziele liegen im Bereich des Geistigen und Spirituellen. Je nachdem, wo Ihr Uranus im Horoskop sich aufhält, da ist der Wirkungsbereich dieser Karte!

Schwerter Sieben - Swords Seven - Schwerter Sieben

Auf dem Bild von Motherpeace sind sieben Hühner zu sehen, die hinter einem Zaun eingesperrt sind. In einem der Bretter stecken sieben Schwerter. Ein Fuchs schleicht sich an und wandert auf den Zaun zu. Der Fuchs ist ein Raubtier und symbolisiert Hinterlist. Die Hühner hinter dem Zaun versinnbildlichen zugleich ein Ausgeliefertsein und ein blindes Vertrauen. Sie erwarten das Kommende, ohne aktiv zu werden. Der raffinierte Fuchs wird die Schwerter, die im Zaun stecken, vielleicht als Leiter benutzen, um zu den Hühnern zu gelangen, er wird die Dummheit und Arglosigkeit der Hühner ausnutzen. Hinter der Karte steht ein geistiges Vorhaben.

7

Schwerter

Auf dem Bild des Rider-Waite Decks trägt ein Mann eilenden Schrittes fünf Schwerter aus einem Lager fort. Zwei Schwerter stecken noch im Boden vor den Hütten. Er schleicht sich aus einer Situation, aber zwei Schwerter bleiben dort, er hinterläßt einen unguten Eindruck.

Wenn Sie diese Karte ziehen,
führen Sie etwas im Schilde oder Sie sind mit Gedanken beschäftigt, die ein bestimmtes Ziel verfolgen. Jedoch scheint Ihnen der Mut zur offenen Aussprache mit dem betreffenden Menschen zu fehlen. Sie wählen vielleicht den Weg des geringsten Widerstandes. Schulen Sie Ihre Offenheit und Ihren Mut und riskieren Sie die direkte Auseinandersetzung. Zuversicht, Integrität und die Sorge um andere sollen Ihrem Handeln zu Grunde liegen.

Wenn Ihnen das gelingt, werden Sie gestärkt aus der Situation hervorgehen!

Astrologische Entsprechung
Das analoge Tierkreiszeichen dieser Karte ist Wassermann in seiner Symbolik als nervöse, unsichere Qualität. Um Selbstvertrauen zu entwickeln, sollten Sie Disziplin und emotionale

Beherrschung praktizieren. Schwierigkeiten und Ungewissheiten werden sich dann von selbst auflösen. Dort, wo Uranus in Ihrem Horoskop sich befindet, spüren Sie immer wieder Unruhe. Benutzen Sie die Karte zur Stärkung Ihrer Offenheit.

Schwerter Acht - Swords Eight - Schwerter Acht

Auf dem Bild der Motherpeace Karte sieht man eine Person, die mit ihren acht Schwertern eine Ziegelwand durchbrechen will, hinter der sie gefangen ist. Zwei Krähen sitzen auf einem schaukelnden Brett, das auf der Mauer liegt, und halten die Balance. Die Person steckt geistig in einem Problem fest und muss sich aus einem Gedankengebäude freikämpfen. Sie bildet sich etwas ein, das ihrem Weiterkommen ein Hindernis ist. Die Karte versinnbildlicht ein Gefühl des nutzlosen Mühens, der Unsicherheit und der Verzweiflung. Diese Person ist von dem zähen Ringen aus der Situation ausbrechen zu wollen, voll besetzt. Vielleicht hat sie aber auch insgeheim diese aussichtslose Situation gewählt, um nicht am Leben in der Welt teilnehmen zu müssen. Das

Bild könnte aus einem Traum der Person stammen. Es zeigt auf, dass es besser ist, eine ausgewogene Position, die die Dinge von beiden Seiten betrachtet, einzunehmen. Dann könnte sich diese Person frei fühlen.

Auf dem Bild des Rider-Waite Decks steht eine Frau gefesselt und mit verbundenen Augen zwischen acht Schwertern, die um sie herum im Boden stecken. Im Hintergrund steht eine Burg, aus der sie geflüchtet ist. Ihre Füße stehen in Rinnsalen. Sie muss sich selbst befreien und die Binde von ihren Augen nehmen.

Wenn Sie diese Karte ziehen,
befinden Sie sich womöglich in einer scheinbar ausweglosen Situation. Bemühen Sie sich, beide Seiten der Medaille zu betrachten. Versetzen Sie sich in die Krähen auf dem Motherpeace-Bild, die die Lage außerhalb und innerhalb der Mauer sehen. Finden Sie die Vorteile Ihres „Eingesperrtseins" und überlegen Sie, ob eine neue Sichtweise Ihnen die innere Befreiung schenken könnte. Lesen Sie einen Ratgeber über die Macht der Gedanken. Überlegen Sie sich Möglichkeiten, wie Sie wieder offener am Leben teilnehmen können. Das Sprichwort „Wo ein Wille, da ein Weg" zeigt Ihnen, dass alle Probleme gelöst werden können. Diese Karte hilft Ihnen, einen Ausweg zu finden.

Astrologische Entsprechung
Das analoge Tierkreiszeichen dieser Karte ist Zwilling in seiner Symbolik der Kommunikation und der geistigen Wendigkeit. Zwilling wird Ihnen Ideen liefern, wie Sie aus Ihrer Situation „ausbrechen" und die Schwierigkeiten meistern können. Die Zwillingsqualität der Karte verleiht Ihnen die

Intelligenz, die Sache mit einem neuen Plan angehen zu können und zu wissen, dass der Geist immer frei ist. Suchen Sie Merkur in Ihrem Horoskop, in diesem Lebensfeld gelingt Ihnen die geistige Lösung.

Schwerter Neun - Swords Nine - Schwerter Neun

9

Schwerter

Das Bild der Motherpeace Karte stellt die gesammelte Schattenwelt der Menschen dar. Aus dem Unbewussten steigen die dunklen Bilder und Gedanken hoch. Symbolisiert durch weiße Gestalten, die von dunklen Schleifen, verschiedenen ungeheuerlichen Tieren und anderen seltsamen, furchteinflößenden Wesen umringt werden. Der Bildhintergrund ist nachtblau. Das Bild veranschaulicht, dass jeder Gedanke, jede Tat, jedes Erlebnis irgendwann auf den Menschen zurückkommt, mit ihm konfrontiert wird und von ihm verarbeitet werden muss. Der geschlungene Pfad auf dem Bild symbolisiert die Verwirrungen, die solche Erlebnisse bringen können.

Auf dem Bild des Rider-Waite Decks sitzt eine Person auf einem Bett und hält die Hände vor ihr Gesicht. Die Bettdecke ist mit Rosen und den Symbolen des Tierkreises geschmückt. Neben ihr hängen neun Schwerter in der dunklen Nacht. Ihr Körper ist unversehrt, die Bedrohung existiert im Geistigen. Die Rosen auf der Bettdecke lassen auf Liebe hoffen. Die Person wurde von ihren nächtlichen Alpträumen aufgeschreckt.

Wenn Sie diese Karte ziehen,
könnten Sie jetzt die Zeit für die seelische Verarbeitung von Erfahrungen und Eindrücken nutzen. Ängstigen Sie sich nicht davor, sondern nehmen Sie diese Karte als ein großes Geschenk an. Alles, was Sie freiwillig nacheinander aufarbeiten, wird Sie nicht überfordern. Unterstützen Sie die günstige Zeitqualität durch regelmäßige Meditation, morgens und abends eine Viertelstunde reichen schon. Der Weg zur inneren Freiheit beginnt. Wenn Sie sich regelmäßig in die Ruhe zurückziehen, erhöhen sich Ihre Chancen, das Unbewusste an die Oberfläche hieven zu können. Über eine bewusste Traumarbeit und Gedankenkontolle können Sie Ihre Ängste verlieren.

Astrologische Entsprechung
Das analoge Tierkreiszeichen dieser geistigen Karte ist Zwilling, der Sie befähigt, mit Ihrem Geist, bestimmte Vorgänge einordnen und verarbeiten zu können. Diese Arbeit wird Ihnen umso besser gelingen, wenn Sie einen Zwilling-Aszendenten oder eine Zwilling-Sonne haben.

Das Bild der Motherpeace Karte zeigt zehn Frauen, die sich gemeinschaftlich ins Meer stürzen. Ihre Schwerter, mit denen sie bis dahin noch gekämpft hatten, steckten sie in die Klippe. Sie symbolisieren das Stadium, das sie auf ihrem Weg zur Zehn erreicht haben: Die endgültige Aufgabe einer bestimmen Idee, eines bestimmten Zieles, um durch das freiwillige Loslassen in tiefere Bewusstseinsbereiche eindringen zu können und um Seinszustände der völligen Freiheit zu erlangen. So wird diese Karte auch als Verlustkarte angesehen. Sie verlangt ein Opfer, damit die Befreiung von einer bestimmten Sache möglich wird. Ein Trost mag auch sein, dass mit der Zehn der Kampf um eine bestimmte Sache endlich aufgegeben wird.

Auf dem Bild des Rider-Waite Decks liegt eine von zehn Schwertern durchbohrte Person auf dem Boden. Die Schwerter stecken entlang der Wirbelsäule bis zur Hypophyse. Der Himmel ist nachtschwarz, aber stellenweise dringt helles Licht durch. Der Kampf ist beendet.

Wenn Sie diese Karte ziehen,
sollten Sie darüber nachdenken, welchen Kampf Sie schon seit langem führen, der Sie sichtlich ermüdet. Wenn Sie es mit dieser Karte schaffen, von etwas loszulassen, das Ihnen schon viele Schmerzen bereitet hat, werden Sie eine große Erleichterung verspüren. Hier ist die Überwindung einer egoistischen Sache gefordert, die sich natürlich als sehr schwierig erweisen kann. Diese Karte wird Sie dabei unterstützen, Forderungen fallen zu lassen, die Sie bisher für notwendig erachteten. Die Anforderungen an Sie sind sehr hoch, beobachten Sie Ihr Kräftereservoir. Mit dieser Karte können Sie alte Vorstellungen korrigieren und bessere, neue Gedankenschlüsse an deren Stelle setzen.

Astrologische Entsprechung
Von allen drei Luftzeichen kommt die Unterstützung für diese schwere Aufgabe. Wenn Sie ernstlich eine Selbstüberwindung versuchen wollen, so tragen Sie diese Karte mehrere Tage bei sich und sehen Sie sich das Vorhaben nach einer Woche von neuem an. Suchen Sie in Ihrem Horoskop den Merkur, dann wissen Sie, auf welchem Lebensgebiet Ihnen die Korrektur eines bestimmten Gedankens besonders leicht fallen wird.

Scheiben - Discs - Münzen

Alle Scheiben - Karten stehen für das Element Erde. Mit ihnen kommt die Energie durch die Materie in der physischen Ebene zum Ausdruck. Die braunen, günen und gelben Farben auf den Motherpeace-Karten unterstreichen die energetische Erdqualität. In der Astrologie findet das Element Erde seine Entsprechung in den Erdzeichen Stier, Jungfrau und Steinbock und den dazugehörigen Planeten Venus, Merkur und Saturn.

Scheiben Priesterin- Discs Priestess - Königin der Münzen

Auf dem Bild des Motherpeace sitzt die Priesterin auf einer Decke und nimmt die verschiedenen Stellungen ein, die ihr Hormonsystem ausgleichen und ihre medialen Zentren öffnen sollen. Ihr Bewusstsein kann in andere Menschen hinein- und hinausgehen. Das Hopi Schild, das sie in ihrer Meditation sieht, zeigt zwei Schlangen, die sich gegenseitig in den Schwanz beißen, Sinnbild des Energiekreises der Kundalini. Sie kennt

Priesterin

Scheiben

die Geheimnisse der ekstatischen Energien. Die Hand mit dem offenen Auge in der Mitte des Schildes versinnbildlicht mediale Evolution. Der Papagei auf dem Baum stellt ein mächtiges Fruchtbarkeitssymbol dar, das auch für künstlerische Kreativität steht. Sie lehrt uns, was sie von der Erdenergie weiß. Die Pflanze im Hintergrund benutzt sie für visionäre Arbeit. Das grüne Feld um sie symbolisiert das smaragdene Wesen ihres Herzens. Als Farbe der Materie bedeutet es auch Geld. Sie ist ebenso die Königin des Geldes, dessen Energie sie fließen lässt, ohne etwas zurückzuhalten.

Auf dem Bild des Rider-Waite Decks sitzt eine Königin auf einem Thron, der von Rosengirlanden umgeben ist. Ihr Blick ist weise. Zufrieden betrachtet sie das Münzsymbol in ihren Händen. Sie hat alles, was sie benötigt, sie ist unabhängig.

Wenn Sie diese Karte ziehen,
müssen Sie sich jetzt um finanzielle Angelegenheiten sowie Ihrer Gesundheit keine Gedanken machen. Ihr Körper hat sich regeneriert. Durch Ihr ruhiges, ausgeglichenes Wesen und die intensive Wahrnehmung der Natur ist Ihnen eine ganzheitliche Sinnesempfindung möglich. Es ist die Zeit, die Natur zu genießen und Einzelheiten und Details zu erblicken, die Ihnen bisher verborgen geblieben sind. Ihr Körper und Geist schwingen in Harmonie mit der mütterlichen Erde. Unternehmen Sie ausgiebige Spaziergänge und beobachten Sie die Tierwelt. Verwöhnen Sie Ihren Körper, arbeiten Sie im Garten, sprechen Sie mit Ihren Zimmerpflanzen und erfreuen Sie sich des Lebens!

Astrologische Entsprechung
Die analogen Tierkreiszeichen dieser Karte sind Steinbock und Stier. Sie sorgen für die Sicherung im materiellen Bereich. Mit der Entschlossenheit und Zuverlässigkeit, die diese Karte anzeigen, ist der Erfolg auf Ihrer Seite! Suchen Sie die Erdplaneten Venus und Saturn in Ihrem Horoskop, dort können Sie die Materie besonders stark erfahren.

Scheiben Schamanin - Discs Shaman - König der Münzen

Die Schamanin auf dem Motherpeace-Bild reitet auf einem Maultier, ihr Ritt symbolisiert Beständigkeit und Sicherheit. Sie könnte jemand im mittleren Alter sein, der für spirituelles Arbeiten frei ist. Ihr Schild zeigt einen Affen, der sich selbst in den Schwanz beißt, Symbol dafür, dass ihr Inkarnationskreis wieder geschlossen ist. Der kahlköpfige Adler zu ihrer Rechten versinnbildlicht die Fähigkeit zu fliegen und klares, weitreichendes Sehen, was Hellsichtigkeit anzeigen will. Die sinkende Sonne im Hintergrund verdeutlicht ein Leben voll Arbeit und zeigt ihren Status als Führerin. Im Laufe ihres Lebens sammelte sie Macht und Erfolg an, ihre Arbeit war nicht umsonst. Sie könnte wegen ihrer Arbeit vermögend sein. Da sie sich jedoch von ihrem höheren Selbst führen lässt, bleibt sie geistig frei. Sie kennt sich in Heilkunst aus, ihre Kleidung fertigte sie selbst an. Wegen ihrer Fähigkeiten wird sie sehr geschätzt. Sie ist ein Symbol für Selbstdisziplin und Geduld.

Auf dem Bild des Rider-Waite Decks sitzt ein König auf einem mit Stierköpfen verzierten Thron. Sein Blick drückt Erhabenheit und Souveränität aus. In der rechten Hand hält er sein Zepter, in der linken das Münzsymbol. Er hat alles erreicht.

Wenn Sie diese Karte ziehen,
haben Sie schon viele Erfahrungen in Ihrem Leben gesammelt. Dieses Wissen könnten Sie jetzt für andere einsetzen und Ihre Arbeit auf Qualitäten wie Reife und Wertschätzung konzentrieren. Vertrauen Sie Ihrer beruflichen Zukunft, Sie können mehr als Ihnen bewusst ist. In partnerschaftlichen Angelegenheiten können Sie Ihre Zuversicht und Ihre Geduld einbringen. Sie wissen, dass Sie von himmlischen Mächten geführt sind und dass Sie der Zukunft gelassen entgegenblicken können. Da Bildung und Kunst mit dieser Karte verbunden sind, sollten Sie in nächster Zeit Ihren kulturellen Interessen nachgehen.

Astrologische Entsprechung
Das analoge Tierkreiszeichen dieser Karte ist Steinbock. Der Planet, der Ihnen sicherlich helfen wird, mit Ausdauer und Geduld Ihre angestrebten Ergebnisse zu erreichen, ist Saturn. Diese Karte deutet auf Erfolg. Ehre und Ruhm gehen oft mit Saturn einher, wenn hohe und ernsthafte Ziele

angesteuert werden. Betrachten Sie sich Ihr Zeichen am medium coeli in Ihrem Horoskop, dort sehen Sie Ihr Lebensergebnis.

Scheiben Sohn - Discs Son - Ritter der Münzen

Im Motherpeace-Bild ist der Sohn der Scheiben der archetypische Jäger, das männliche Prinzip, das sich in einem Suchenden verkörpert. Auf dem Bild zielt der Jäger auf etwas ab, das eher ätherischer Natur zu sein scheint. Er selbst steht jedoch fest auf dem Boden. Er ist erdverbunden und für sinnliche Erfahrungen offen. Er liebt seinen Körper und schätzt die körperliche Arbeit. Tiere tötet er nicht grundlos. Der Sohn der Scheiben ist der Sohn der Erde. Die Libelle über dem Kopf des Bogenschützen versinnbildlicht Konzentration, damit er sein Ziel nicht verfehlt. Das Rotkehlchen, Vorbote des Frühlings, spiegelt das Spielerische und die Leichtigkeit wider, mit der er körperliche Arbeit verrichtet und Sexualität lebt. Der Sohn der Scheiben ist eine Person, die mit den verschiedensten Materialien umzugehen weiß, sie kann einen handwerklichen oder künstlerischen Beruf haben und sie erfährt sehr viel Befriedigung aus der Arbeit mit der Materie.

Auf dem Bild des Rider-Waite Decks sitzt ein Ritter auf einem schwarzen, fülligen Pferd. Über seine rechte Hand hat er einen großen Handschuh übergezogen, mit ihr zeigt er seine Münze. Er hängt nicht an materiellen Werten.

Wenn Sie diese Karte ziehen,
wäre für Sie die Zeit günstig, handwerkliche oder künstlerische Gegenstände herzustellen oder anderweitig mit Ihren Händen zu arbeiten. Massage, Stricken, Heimwerken oder dergleichen sind Arbeiten, die viel Befriedigung bringen. Die Resultate sind deutlich sichtbar und werden Ihr Herz erfreuen. Auch Körperübungen wie Yoga, Stretching oder Sportarten, bei denen hohe Konzentration verlangt wird, könnten Ihnen viel Spaß bereiten. Jetzt könnte es Ihnen gefallen, Ihren Partner zu massieren oder ihm einen schönen Gegenstand anzufertigen.

Astrologische Entsprechung
Die analogen Tierkreiszeichen dieser Karte sind alle drei Winterzeichen Steinbock, Wassermann und Fische. In diesem Bereich des Tierkreises wird der größte Teil der kreativen, künstlerischen und erfinderischen Arbeit geleistet. Steht Ihr Sonnenzeichen in einem dieser drei Tierkreise, dann spüren Sie jetzt als „Wintermensch" ein stärkeres Verlangen nach ruhigeren Beschäftigungen als andere Menschen.

Scheiben Tochter - Daughter Discs - Bube der Münzen

Im Motherpeace-Bild sieht man eine Jungfrau auf der Suche nach einer Vision. Sie zieht sich asketisch zurück und sucht nach ihrem karmischen Namen. Sie symbolisiert die pure Erdenergie sowie die archetypische Jungfrau in ihrem Unterweltsaspekt. Ihr Hörner-Kopfschmuck weist auf den Kontakt mit Göttinnen, jedoch sucht sie Verbindung mit der „Alten" aufzunehmen. Sie ist in die Natur hinausgegangen, um zu beweisen, dass sie selbst überleben kann. Der Steinkreis auf der Karte soll ihr magischen Schutz bieten. Sie steht im Inneren des Kreises und hält einen Spiegel, der sowohl die Sonne als auch den Mond reflektiert. Sie bittet sie, ihr zu helfen, in die unsichtbare Welt sehen zu dürfen. Die Höhle im Hintergrund sucht sie zum Schlafen auf, um dann in der Tiefe der Erde einen visionären Traum zu erhalten. In ihrer Hand hält sie die heilige Pfeife, mit der sie die Erde heiligt und für sie betet. Die junge Tochter ist auf dem besten Weg, Schamanin zu werden.

Wenn die Tochter aus den Bergen wieder zurückkehrt, wird sie im Stande sein, eine Aufgabe als mediale Mittlerin zu übernehmen.

Auf dem Bild des Rider-Waite Decks steht eine jugendliche Person inmitten einer blühenden Landschaft. Sie betrachtet ehrfürchtig die Münze, die sie in ihren Händen hält. Die Früchte ihrer Arbeit scheinen sie sehr zufrieden zu stellen.

Wenn Sie diese Karte ziehen,
sollen Sie sich eine Zeit der Ruhe und des Nachdenkens gönnen. Vielleicht interessieren Sie sich für bestimmte Körpertechniken, durch die Sie im Stande sind, vergessene Erfahrungen aus Ihrem Körper abzurufen oder Sie gehen intensiv Ereignissen nach, die schon lange zurückliegen und an die Sie sich nicht mehr so recht erinnern können. Oder Sie denken über Ihren Lebensweg nach, ob Sie eine neue Richtung einschlagen wollen, neue Perspektiven entdecken wollen. Solche Gedanken können nur in der Einsamkeit reifen. Auch partnerschaftliche Angelegenheiten können aus einer gewissen Distanz besser erkannt und beurteilt werden. Wenn Sie sich nur für ein paar Stunden frei machen können, sollten Sie dies durchsetzen. Die Resultate werden Sie überraschen!

Astrologische Entsprechung
Das analoge Tierkreiszeichen dieser Karte ist Steinbock mit Jungfrau-Tendenzen. Die Jungfrauqualität hilft Ihnen, auf den Grund der Dinge sehen zu können und Steinbock schafft es vorzüglich, sich für eine Weile in die Einsamkeit zurückzuziehen. Nutzen Sie die Zeit, in der Sie so viel für sich gewinnen und herausholen können! Suchen Sie die beiden Planeten Merkur und Saturn in Ihrem Horoskop, dort können Sie den Auftrag, den die Karte zeigt, gut erfüllen.

Scheiben As - Discs Ace - As der Münzen

Die Eicheln auf dem Teppich der Motherpeace Karte künden von langen Wintermonaten und kalten Nächten, verweisen auf die Zeit des Herbstes, der Ernte, des Sammelns, weil die inwendige Zeit bevorsteht. Das Kind im Korb veranschaulicht die inneren Mysterien und die Geburt eines „Wintersonnwendkindes". Die Feier des sich drehenden Jahresrades. Der junge Leopard ist der Tiergeist, der mit dem Kind aufwachsen wird, er verleiht ihm die Kraft für sein Wachstum. Die Karte symbolisiert, dass etwas Neues kommt, etwas in materieller Art zu erwarten ist, dass die Erde etwas zum Vorschein bringt.

Auf dem Bild der Rider-Waite Karte ragt eine Hand aus einer Wolke, die das Münzsymbol hält. Die Münze trägt den fünfzackigen Stern, Sinnbild für die fünf Elemente. Unter der Hand sprießt ein Rosengarten mit weißen Lilien. Aus dem Garten führt ein offenes, rosenumkränztes Tor zu den Bergen im Hintergrund. Wenn der Garten nach der Blüte verlassen wird, führt der Weg in etwas Neues.

Wenn Sie diese Karte ziehen,
sollen Sie sich jetzt etwas Materielles wünschen! Jemand möchte Sie beschenken oder Sie gewinnen etwas. Diese Karte bringt materiellen Vorteil. Haben Sie sich schon lange einen bestimmten Gegenstand oder eine finanzielle Aufbesserung gewünscht? Jetzt wird der Wunsch Wirklichkeit. Möglicherweise haben Sie auch Erfolg im Beruf oder Sie wechseln die Arbeitsstelle und verbessern sich dadurch. Wollen Sie umziehen? Jetzt wäre der geeignete Zeitpunkt dafür. Wollen Sie einen Lottoschein ausfüllen? Das ist die Wunschkarte für etwas Materielles.

Astrologische Entsprechung
Die analogen Tierkreiszeichen dieser Karte sind alle drei Erdzeichen Stier, Jungfrau und Steinbock Die Asse regieren die Elemente, daher stehen bei Scheiben As diese für die Karte Pate. Die starke Erdenergie wird für die Verwirklichung Ihres Vorhabens sorgen, wenn Sie den Wunsch nicht aus den Augen verlieren! Wenn Sie eine Horoskopzeichnung besitzen, sehen Sie vor allen Dingen, wo der Planet Venus steht, da ist Fülle für Sie vorgesehen.

Scheiben Zwei - Discs Two - Münzen Zwei

Das Bild der Motherpeace-Karte zeigt eine junge Mutter mit Zwillingen in ihren Armen. Sie steht in der freien Natur, um sie windet sich eine zweiköpfige Schlange, die zwei keltische Räder um ihre Körpermitte trägt. Die zweiköpfige Schlange zeigt an, dass es diese Person schwer hat, den zwei verschiedenen Impulsen ihrer Zwllingsnatur nachzugehen. Das keltische Rad stellt symbolhaft ihre Erdung mit der Mutter Natur dar,

Scheiben

denn sie weiß, dass sie alles von ihr bekommen wird, das sie braucht, um zu überleben. Genau so wie die Bäume im Hintergrund ihre Nahrung aus dem Boden ziehen. Der grüngelbe Untergrund des Bildes ist Symbol für die fruchtbare Erde. Der zunehmende Mond am Horizont versinnbildlicht, dass sie Stärke und Kraft für ihre schwere Aufgabe erhalten wird, um einerseits Leistungen vollbringen zu können und zugleich das seelische Wachstum nicht vernachlässigt wird.

Auf dem Bild des Rider-Waite Decks tanzt ein junger, unbeschwerter Mann. In seinen Händen hält er auf jeder Seite eine Münze, die von einer Achter-Schleife umschlungen werden. Im Hintergrund schaukeln zwei Schiffe auf stürmischer See. Er jongliert die Stürme, das Auf und Ab mit Zuversicht. Wird er das Gleichgewicht halten können?

Wenn Sie diese Karte ziehen,
sollten Sie anstelle von Stress und Überbelastung, Ihr natürliches Bedürfnis nach einer ausgewogenen und dauerhaften Betätigung setzen. Dies ist ein schwieriger Prozess, den Sie sich mit dieser Karte aber zumuten sollten. Überlegen Sie sich gründlich, wie Sie aus dem Dilemma des <Alles oder Nichts> herauskommen können. Verwirklichen Sie in

Ihrem Leben ausgewogen beide Seiten, die materielle wie die spirituelle. Hier können Sie Ihre Kunst der Diplomatie unter Beweis stellen und wenn es Ihnen gelingt, ein harmonisches Gleichgewicht zwischen äußerer und innerer Arbeit herzustellen, werden Sie selbst zu guter Letzt der glückliche Gewinner sein.

Astrologische Entsprechung
Das analoge Tierkreiszeichen dieser Karte ist Saturn. Er sorgt für Ihre Arbeit und Pflichterfüllung, aber er versteht es ebenso vorzüglich, sich zurückzuziehen. Gelingt Ihnen dieses Gleichgewicht, wird Ihnen das Leben Zufriedenheit, Reichhaltigkeit und Fülle schenken. Suchen Sie Saturn in Ihrem Horoskop, in diesem Lebensfeld schaffen Sie die Balance.

Scheiben Drei - Discs Three - Münzen Drei

Das Bild von Motherpeace zeigt drei Frauen, die einen Tempel bauen. Sie verbinden technische Fertigkeiten mit Liebe und Kreativität. Die Frauen legen ihr ganzes Sein in die harte Arbeit hinein, sie verwirklichen sich über die Arbeit. Sie verstehen es, ihre Arbeit in einer bewussten Haltung zu verrichten. Die Frauen auf dem Bild arbeiten im Team und leben in einer religiösen Gemeinschaft. Das ist auch der Grund, weshalb sie einen Tempel bauen. Sie verfolgen kein persönliches Ziel. Sie leben mit voller Aufmerksamkeit im Jetzt und im Moment. Sie sind erfüllt durch das Tun, durch die Hingabe, die sie bei der Arbeit empfinden.

Auf dem Bild des Rider-Waite Decks steht ein Künstler in einer dunklen Kirche. Ein Kirchenmann und ein Narr stehen neben ihm und zeigen ihm einen Plan. Sie arbeiten zusammen und beraten sich. Alle drei empfinden während der Arbeit ihre Ganzheit.

Wenn Sie diese Karte ziehen,
sollten Sie Ihre tägliche Arbeit mit Liebe und Dankbarkeit verrichten, damit Ihre Kreativität Werke hervorbringen kann, die Ihnen Freude und Genugtuung schenken. Überlegen Sie sich, ob Sie in Ihrer jetzigen Arbeit so erfüllt sind, dass Sie sich selbstverwirklicht fühlen oder ob Sie eine andere Arbeit vorziehen würden. Sind Sie bei Ihrer Arbeit bewusst? Versuchen Sie ab und zu, sich Ihrer Arbeit ganz hinzugeben, Ihr ganzes Sein hineinzulegen, damit Sie sich ganzheitlich empfinden können? Dieses bewusste Tun und Sein preisen viele Meister als das Ziel des Lebens. Versuchen Sie in alle Ihre Handlungen Meditation einfließen zu lassen!

Astrologische Entsprechung
Das analoge Tierkreiszeichen dieser Karte ist Steinbock mit seiner Qualität, etwas erreichen zu wollen, das nicht nur der eigenen Person nützlich sein kann. Sie können mit dieser Karte in aller Stille ihre Pflichten erfüllen und das gesetzte

Ziel durch Beharrlichkeit erreichen. Suchen Sie das Steinbockzeichen in Ihrem Horoskop, dann wissen Sie, in welchem Lebensfeld Sie mit Intensität und Hingabe bei der Sache sein können.

Scheiben Vier - Discs Four - Münzen Vier

Das Bild der Motherpeace Karte zeigt einen inneren Raum, in dem sich eine Frau allein aufhält. Sie benötigt geschützte Stille und Abgeschiedenheit. In dem Raum befindet sich eine Luke, die sie nach draußen öffnen kann, wenn sie will. Es bleibt ihr überlassen. In der Mitte des Raumes brennt ein Feuer, der Rauch entweicht durch das Dach. Die äußere Welt mit seinem hektischen Leben dringt in dieses Zimmer nicht ein. Sie will für sich alleine sein, um eine Antwort auf drängende Fragen zu bekommen. Die warmen Farben des Raumes ermöglichen es ihr, längere Zeit darin verbleiben zu können und ihre innere Stimme kennenzulernen. Die Scheiben an der Wand zeigen ihre Aufgaben, die sie sich gestellt hat, an: auf der ersten Scheibe sieht man eine Spirale, die sie in ihr eigenes Inneres bringen soll, auf der zweiten einen magischen Flug, auf der dritten das Symbol dafür, dass Ihre Innenschau zyklisch verlaufen wird und die vierte Scheibe beinhaltet die vier Elemente, die sich in der Mitte kreuzen.

Auf dem Bild des Rider-Waite Decks sitzt eine gekrönte Gestalt auf einem Sockel. Hinter ihr liegt eine Stadt. Auf ihrer Krone sowie vor ihrer Brust, von beiden Händen gehalten, und unter ihren Füßen befindet sich je eine Münze. Sie hält ihren Besitz fest, sie überlegt und verharrt still.

Wenn Sie diese Karte ziehen,
sollten Sie sich überlegen, ob und wann Sie sich einen Rückzug gönnen möchten. Vieles dringt im Alltag auf Sie ein, Sie sind gefordert und wissen nicht, ob die Richtung für Sie völlig stimmt. Um das herauszufinden, ist es nötig, eine gewisse Zeit ganz für sich zu haben. Versuchen Sie Ihr Leben so zu organisieren, dass Sie sich ein paar Tage zurückziehen können. Sie können sich für ein paar Schweigetage in einem Kloster oder Exerzitienhaus entscheiden. Geht Ihnen soviel Einsamkeit zu weit, versuchen Sie einfach, an einen ruhigen Ort zu verreisen oder sorgen Sie dafür, dass Sie wenigstens für ein paar Stunden allein sein können.

Astrologische Entsprechung
Das analoge Tierkreiszeichen dieser Karte ist Steinbock in seiner Qualität der Beschränkung. Sehen Sie in Ihrem Horoskop nach, welches Haus mit dem Steinbockzeichen beginnt, dann wissen Sie in welchem Lebensthema es Ihnen leichter fällt, sich zu bescheiden. Nutzen Sie diese Karte für eine Ausdauer in innerer Arbeit!

Scheiben Fünf - Discs Five - Münzen Fünf

Das Bild des Motherpeace zeigt eine Frau, die eine Masse wie Ton oder Teig verarbeitet. Sie arbeitet mit ihren Händen. Hinter ihr an der Wand hängen fünf Scheiben. Das Bild verdeutlicht, dass die Frau sich energetisch angespannt fühlt und eine körperliche Beschäftigung ausführt, um diese Anspannungen ableiten zu können. Diese Verkrampfungen sind durch Sorgen, die sich diese Person machte, entstanden. Vermutlich Sorgen der alltäglichen Art, um Arbeitsplatz, Nahrung, Wohnung, Partnerschaft oder Gesundheit, sie läuft Gefahr, sich frustrieren zu lassen. Mit dieser Karte wird jedoch eine Veränderung angezeigt, die aber erst im Geistigen besteht, in der sichtbaren Welt muss die Verdichtung erst stattfinden.

Auf dem Bild des Rider-Waite Decks gehen zwei armselige, nach Schutz und Wärme verlangende Menschen durch einen Schneesturm. Im Hintergrund leuchtet ein großes Fenster, auf dem fünf Münzen aufgemalt sind. Sie sehen das hell leuchtende Fenster nicht, ihre Gedanken drehen sich im Kreis.

Wenn Sie diese Karte ziehen,
sollten Sie sich bemühen, sich keine Sorgen zu machen. Immer wenn Sie mit Bangen an die Zukunft denken, setzen Sie einfach Vertrauen an deren Stelle. Die unsichtbaren Helfer umgeben Sie und geben Ihnen genau jene Hilfe, die den persönlichen Lernprozess unterstützt. Fühlen Sie sich angespannt, suchen Sie sich eine sportliche oder handwerkliche Betätigung, sei es in der Küche, im Keller oder in der Natur. Wenn Sie die Veränderungen noch nicht sehen, sollten Sie trotzdem an die Zukunft glauben. Lassen Sie nicht zu, dass Sie eine Haltung annehmen, die jede Perspektive schon im Vorfeld zunichte macht. Körperliche Arbeit, die das Zirkulieren der Energien ermöglicht, hilft Ihnen, aus der Passivität herauszukommen.

Astrologische Entsprechung
Das analoge Tierkreiszeichen dieser Karte ist Stier in seiner Entsprechung des Festhaltens. Benutzen Sie diese Karte zur Unterstützung Ihrer Psyche. Tragen Sie sie einige Zeit bei sich und jedesmal, wenn Sie die Karte sehen, motivieren Sie sich mit Gedanken des Erfolges und des Vertrauens darauf. Sehen Sie sich Ihr Lebensziel im Horoskop an, dann kennen Sie schon die Richtung, die das Schicksal einschlagen wird.

Sechs Scheiben - Discs Six - Münzen Sechs

Die Zahl Sechs zeigt immer eine grundsätzliche Auswirkung, die nicht übersehen werden kann, an. Das sind Veränderungen von größerer Tragweite, im Allgemeinen von sehr positivem Charakter. Die Karte der Sechs Scheiben symbolisiert eine gewisse Fülle und Besitz, nicht nur in Bezug auf das Materielle, sondern auch für die Gesundheit und das Wohlbefinden, der inneren Glückseligkeit. Sie ist eine sehr stark energetische Karte. Auf dem Motherpeace-Bild sieht man, wie eine Priesterin eine andere Person massiert. Sie gibt ihr vielleicht eine Tibetische Massage, die die Schlangenkraft anregt, im Rücken emporzusteigen. Im Hintergrund des erdfarbenen Bildes sieht man sechs Scheiben, die die Konzentration fördern und die durch die Arbeit freigewordene Energie sammeln sollen.

6

Scheiben

Auf dem Bild des Rider-Waite Decks verteilt ein reicher Kaufmann Münzen aus zwei Waagschalen, die er in seiner linken Hand hält, an zwei vor ihm kniende Bettler. Um den Kaufmann sind sechs Münzen aufgereiht, sein gerechter Blick läßt ihn Ungleichheiten erkennen und sein Herz aufgehen.

Wenn Sie diese Karte ziehen,
gehen Sie einer glücklichen Phase entgegen. Entweder können Sie die nächste Zeit mit Geld rechnen oder Sie erhalten einfach Energie von einem Menschen, die Ihnen sehr nützlich sein wird. Oder Sie erfahren durch eine Berührung eines anderen Menschen eine Heilung, die sowohl physisch als auch im unsichtbaren Energiefeld sich auswirken kann. Die

Menschen stehen alle untereinander in einem energetischen Austausch, obwohl den meisten diese Tatsache gar nicht bewusst ist. Es kann auch sein, dass Sie mit der Erdenergie jemandem Gutes tun und Ihre gute Tat überreich an Sie zurückschwingt. Denn alles, was an Taten und Gedanken in den Kosmos hinausschwingt, kommt wieder auf uns zurück. Diese Zeit der Ernte könnten Sie auch durch Meditation unterstützen. Vertrauen Sie den machtvollen Auswirkungen solcher Übungen!

Astrologische Entsprechung
Das analoge Tierkreiszeichen dieser Karte ist Stier in seiner Qualität des Besitzens, des Genießens und der Ernte. Sie dürfen sich freuen, denn eine angenehme und genussvolle Periode steht ins Haus. Seien Sie großzügig, lassen Sie andere an Ihrem Glück teilhaben.

Wo steht der Planet Venus in Ihrem Radix? Dort sollen Sie genießen.

Scheiben Sieben - Discs Seven - Münzen Sieben

7

Scheiben

Die Frau auf dem Bild des Motherpeace stellt eine einfache Frau aus dem Volk dar, die in entspannter Haltung neben einer Kürbispflanze sitzt, die sich über das ganze Bild windet. Die Frau ist schwanger. Das Bild symbolisiert die Eigenschaft der Geduld. Wachstumsprozesse benötigen eine bestimmte Zeit bis zur Reifung. Die Frau wartet, bis das Baby zur Lebensfähigkeit ausgereift ist. Auch die Kürbisse kann sie nicht vor ihrer vollen Reife ernten, sie wären vorher nicht genießbar. Dieses Gesetz gilt auch für den geistigen Prozess.

Auf dem Bild des Rider-Waite Decks steht ein junger Mann inmitten einer Landschaft, seinen Kopf und seine Hände auf einen Stab gestützt. Vor ihm rankt üppig eine Weinrebe, auf der sechs Münzen hängen, eine weitere liegt auf dem Boden zwischen seinen Füßen. Er trägt zwei verschiedene Schuhe und wartet, bis er seine Früchte ernten kann.

Wenn Sie diese Karte ziehen,
müssen Sie verstehen lernen, dass alles auf dieser Welt seine Zeit bis zur Reifung und zur Entwicklung benötigt. So wie die Früchte der Erde nicht vor der Reife genossen werden können, so geschieht dies auch im Geistigen. Sie haben Ideen und Gedanken, bis sie aber in der sichtbaren Welt sich zeigen können, dazu bedarf es des richtigen Zeitpunktes. Deshalb ist es nicht so, dass nichts geschehen würde, nur weil die Manifestion eines Wunsches sich nicht gleich zeigt. Zerstreuen Sie alle Zweifel und Ängste. Benutzen Sie die Karte, um Ihr Vertrauen, dass alles im Leben auf dem göttlichen Plan aufgebaut ist, zu stärken!

Astrologische Entsprechung
Das analoge Tierkreiszeichen dieser Karte ist Stier, Sinnbild für die Beharrlichkeit und die Ernte. Gerade in der Astrologie erkennt man ganz genau die Gesetze der Zeit. Suchen Sie

das Stierzeichen in Ihrem Horoskop, in diesem Lebensfeld sind Sie geduldig.

Scheiben Acht - Discs Eight - Münzen Acht

Scheiben

Auf dem Bild der Motherpeace Karte sieht man Frauen, die verschiedene Tätigkeiten im kunsthandwerklichen Bereich ausführen. Die acht Scheiben auf dem Bild zeigen ebenfalls künstlerische Arbeiten. Jede der vier Frauen arbeitet für sich allein und trotzdem verfolgen sie ein gemeinsames Ziel. Die Karte zeigt, dass Arbeit dem Menschen Standhaftigkeit, Lebensverwurzelung und Selbstsicherheit vermittelt. Eine Frau töpfert einen Krug, eine andere webt an einem Teppich, wieder eine andere stellt einen perlenbesetzten Gürtel her. Sie arbeiten um der Arbeit willen und nicht, um Geld oder Gewinn für sich oder für andere daraus zu schlagen. Trotzdem werden sie die Gegenstände nicht verschenken, aber die Motivation für ihre Arbeit ist nicht die des Geldverdienens.

Auf dem Bild des Rider-Waite Decks arbeitet ein Handwerker mit Hammer und Meißel an einer Münze. Sieben weitere hängen vor ihm an der Wand. Er arbeitet konzentriert und um der Arbeit willen und hofft, dass seine Werke von anderen Menschen benötigt werden.

Wenn Sie diese Karte ziehen,
sollten Sie Ihr Verhältnis zur Arbeit überdenken. Tun Sie Ihre Arbeit nur aus der finanziellen Motivation heraus oder damit Sie ein gutes Ansehen genießen oder aus anderen Prestigegründen? Den Sinn dieser Karte könnte man als die östliche Philosophie auffassen. Das Tun um des Tuns willen in Liebe und in Dankbarkeit. Der Geist und die Gedanken sind bei der Arbeit selbst, eine Zusammenführung von Geist und Materie, ein Einswerden mit allem, soll gelingen. Wenn Sie Ihre Arbeit in Bescheidenheit und konzentriert verrichten, sind Sie durch Ihr stetes Bemühen für Ihre Mitarbeiter ein leuchtendes Vorbild. Integrieren Sie die Spiritualität auch in Ihre tägliche Arbeit! Identifizieren Sie sich liebevoll mit Ihrer Aufgabe und transformieren Sie diese dadurch auf eine höhere Ebene.

Astrologische Entsprechung
Das analoge Tierkreiszeichen dieser Karte ist die Jungfrau in ihrer Qualität des genauen und exakten Ausführens der Arbeit. Haben Sie einen Jungfrau-Aszendenten oder ist Ihre Sonne im Sternzeichen Jungfrau, kann Ihnen diese Symbiose von Tätigkeit und Geist leichter gelingen als anderen!

Scheiben Neun - Discs Nine - Münzen Neun

9

Scheiben

Das Bild der Motherpeace Karte zeigt eine allein arbeitende Schamanin der neueren Zeit. Sie sitzt in der Wüste und malt Sandbilder, um Heilung zu erfahren. Zu ihren Arbeitsutensilien gehören eine Trommel, ein Stab, eine Rassel, Körner und der Sand. Obwohl Wind und Wetter die Sandbilder wieder zerstören, zweifelt sie nicht an der Wirksamkeit ihrer Arbeit. Sie weiß, dass sie durch die Innenschau und durch ihren festen Willen fähig ist, die Kräfte des Universums zu dirigieren. Sie macht diese Arbeit, um sich selbst oder andere zu heilen. Diese Person fürchtet sich bei ihrer Arbeit nicht, da sie sich gut geerdet fühlt. Der Mond im Hintergrund spendet ihr sein Licht, die Schlange kommt als Freundin. Sie hat die Angst überwunden und vertraut darauf, dass der Kosmos ihr alles zur Verfügung stellt, was sie benötigt.

Auf dem Bild des Rider-Waite Decks steht eine wohlhabende Person inmitten eines Weinberges. An den Reben hängen reichlich Trauben und neun Münzen. Auf ihrer linken Hand sitzt ein prächtiger Vogel, den sie etwas traurig anblickt. Sie wirkt inmitten ihres Reichtums nachdenklich.

Wenn Sie diese Karte ziehen,
haben Sie eine innere Entwicklung erreicht, mit welcher Sie spirituelle Arbeit mit Bravour meistern können. Strecken Sie Ihre Fühler aus und sehen Sie, wo es in Ihrer Nähe eine Gruppe gibt, die für die Erneuerung der Welt arbeitet. Sind Sie mit Ihrer Suche erfolglos, überlegen Sie sich, ob Sie eine solche initiieren möchten. Wenn Sie es vorziehen, bei der geistigen Arbeit lieber allein zu bleiben, ist dagegen nichts einzuwenden, jedoch ist die Arbeit in einer Gruppe energetisch erfolgreicher. Mit dieser Karte verfügen Sie über jene Beharrlichkeit, die Ihnen in der Meditation abverlangt wird. Heutzutage treffen sich schon vielerorts Menschen, um für ihre Heilung und die des Planeten Erde zu arbeiten. Solche Menschen lernen durch luzide Träume, durch meditative Sammlung, durch andere spirituelle Menschen oder auch durch Bücher. Sie leben ganz normal ihren Alltag, aber nebenher nehmen sie sich Zeit für diese wichtige, transformative Arbeit.

Astrologische Entsprechung
Das analoge Tierkreiszeichen dieser Karte ist Jungfrau in der Qualität eines besonders wachsamen und ahnenden Geistes. Ebenso fördert die Karte Ihre Fähigkeit anderen zu dienen. Suchen Sie den Planeten Merkur in Ihrem Horoskop, er zeigt Ihnen, wo Sie die geistigen Gipfel erreichen können.

Scheiben Zehn - Discs Ten - Münzen Zehn

Auf dem Bild von Motherpeace sieht man Menschen aus unterschiedlichen Rassen und verschiedenen Kulturen zusammenkommen, da sich eine Geburt ereignet. Der Menschenkreis schützt und hilft demjenigen in der Mitte, der der Hilfe bedarf. Sie ist die Karte der Freundschaft, der Familie oder einer Vereinszugehörigkeit. Man kommt aus verschiedenen Schichten und Kreisen und doch steht man in dieser Gemeinschaft zusammen und hilft einem anderen. Es ist ein Bild, das in die Zukunft des Menschen weist, in der er gelernt haben wird, füreinander einzustehen.

Auf dem Bild des Rider-Waite Decks sitzt ein alter Mann vor einem Stadttor einer mittelalterlichen Stadt, in der familiäres Treiben herrscht. Die zehn Münzen sind über das ganze Bild verteilt. Der alte Mann betrachtet das Leben und erkennt, dass nur in der Mitmenschlichkeit Erfüllung liegt.

Wenn Sie diese Karte ziehen,
steht Ihnen ein Neubeginn bevor. Viel haben Sie erreicht, was zu tun bleibt, ist die geistige Arbeit. In der neuen Zeit werden alle Menschen sich vereinen und gemeinsam auf der

Erde in Liebe zusammen wohnen. Sie werden sich gegenseitig unterstützen und helfend einander beistehen, Friede wird herrschen, und die Menschen werden bewusst und mit Freude gemeinsam arbeiten. Das ist die Vision, die viele Weise schon prophezeiten. Einige Mystiker sagen, dass die heutige jüngere bis mittlere Generation diese Zeit noch erleben wird. Wagen Sie das Neue, Angst soll nicht Ihr Berater sein. Scheiben Zehn ist die Karte der Fülle.

Astrologische Entsprechung
Die Zehn werden immer wegen ihres übergreifenden Resultates von allen Zeichen eines Elements beeinflusst, wie eine übergeordnete Seelenqualität nehmen sie Impulse von allen auf und sublimieren sich zu ihrem Ausdruck. Scheiben entsprechen dem Erdelement. Wenn Sie den Aszendenten oder Ihre Sonne in einem Erdelement haben, Stier, Jungfrau oder Steinbock, so wirkt diese Karte günstig auf Ihr Naturell ein.

Danksagung

Ich danke meiner Mentorin Agnes Hauser,
die mir beim astrologischen Teil des Buches
hilfreich zur Seite stand,
von ganzem Herzen!

Bibliographie und Literaturempfehlungen

Adler, Oskar:	Das Testament der Astrologie Hugendubel, München 1993
Bauer / Dümotz / Golowin:	Lexikon der Symbole Heyne, München 1993
Bürger / Fiebig:	Tarot - Wege der Wandlung Königs Furt, Königsförde 1996
Montano, Mario	Tarot, Spiegel des Lebens, Urania, Neuhausen 1991
Noble, Vicky:	Motherpeace, A Way To The Goodess Through Myth., Art und Tarot Harper Collins, San Francisco 1994
Noble Vicky:	Mythen, Musen und Tarot - Motherpeace, Frauenoffensive, München 1993

Unterschiede in der Kartenbezeichnung Motherpeace - Rider Waite

Motherpeace		Rider Waite	
0.	Die Närrin	0	Der Narr
I.	Die Magierin	I.	Der Magier
VIII.	Die Gerechtigkeit	XI.(!)	Die Gerechtigkeit
IX.	Die Alte	IX.	Der Alte
X.	Das Glücksrad	X.	Rad des Schicksals
XI.	Die Stärke	XI.	Die Kraft (VIII!)
XII.	Die Gehängte	XII.	Der Gehängte
XIV.	Die Ausgewogenheit	XIV.	Die Mäßigkeit

Hofkarten	
Stäbe Priesterin	Königin der Stäbe
Stäbe Schamane	König der Stäbe
Stäbe Sohn	Ritter der Stäbe
Stäbe Tochter	Bube der Stäbe
Kelche Priesterin	Königin der Kelche
Kelche Schamanin	König der Kelche
Kelche Sohn	Ritter der Kelche
Kelche Tochter	Bube der Kelche
Schwerter Priesterin	Königin der Schwerter
Schwerter Schamanin	König der Schwerter
Schwerter Sohn	Ritter der Schwerter
Schwerter Tochter	Bube der Schwerter
Scheiben Priesterin	Königin der Münzen
Scheiben Schamanin	König der Münzen
Scheiben Sohn	Ritter der Münzen
Scheiben Tochter	Bube der Münzen
Alle Scheiben von As bis 10	Alle Münzen von As bis 10

Weitere Bücher aus dem Kompetenz Verlag

Luise Wittmann
Das zukünftige Leben der Seele

Auf einer Stufe stehend, die in unvorstellbaren Dimensionen zu sein scheint, berichtet Luise Wittmann über die Erfahrungen übernatürlichen Lebens, die über alle Grenzen des Irdischen gehen und sich hinstrecken über Zeit und Raum. Die Fähigkeit des Hinüberschauens in die jenseitige Welt, mystische Erlebnisse, wie die der Stigmatisierung, und mediale Erfahrungen dokumentiert die Autorin in ihren ergreifenden Aufzeichnungen, die ihre Ergänzung und Vollendung in den Kundgaben über das Weiterleben im Jenseits finden.

Hardcover, 288 Seiten
DM 39,80 / ÖS 39,80 / Sfr 37,--

Georg Schmertzing
Aufbruch zur inneren Erfahrung

Dieses Buch ist aus zweifacher Sicht außergewöhnlich: Erstens, wann trifft schon ein Mitteleuropäer in seiner Heimat eine Erleuchtete, die sich als christliche Mystikerin zu erkennen gibt und zweitens, wer erlebt schon durch so eine Begegnung den Beginn einer radikalen spirituellen Wandlung mitten im hektischen Alltag. Ganz nach Karl Rahners Wort: "Der Christ der Zukunft wird ein Mystiker sein oder er wird nicht mehr sein." Anleitungen, mit denen jeder selbst beginnen kann, seinen Weg der inneren Erfahrung zu gehen, finden sich im zweiten Teil des Buches.

240 Seiten, Hardcover
DM 39,80 / ÖS 291,-- / Sfr 37,--
ISBN 3-931142-04-3

Karin Kolland
Und der Himmel führt Regie

Den verborgenen Ursachen von Beziehungskonflikten auf der Spur. In ihrer bewegenden und fesselnden Geschichte antwortet die Autorin auf existentielle Fragen, die das Leben an uns stellt: Welcher Zusammenhang besteht zwischen den jetzigen menschlichen Beziehungen, Wiedergeburt und karmischen Verbindungen?
Mit ihrem Buch zeigt die Autorin, dass jeder die Möglichkeit hat, die Verknüpfungen seiner eigenen Beziehungen zu entschlüsseln und seine persönliche Erfahrung mit der göttlichen Wahrheit zu machen.

Hardcover, 288 Seiten
DM 39,80 / ÖS 291,-- / Sfr 37,--
ISBN 3-931142-00-0

Felix Aeschbacher
Intuitive Liebe und Partnerschaft

In diesem Buch entwirft der Autor ein Konzept, das die Möglichkeit aufzeigt, dem Leben in partnerschaftlichen Bereichen eine positive Wende zu geben. Ohne das eigene Ich aufzugeben, wird anhand gezielter Empfehlungen dargestellt, wie durch die Aktivierung der intuitiven Wahrnehmungsfähigkeit die Beziehung zum Partner verbessert werden kann.

Hardcover, 160 Seiten
DM 29,80 / ÖS 218,-- / SFr 27,50
ISBN 3-931142-03-5

Kusum K.Kapur
Weisheiten aus dem Himalya

In dieser Sammlung von hintergründigen Geschichten werden Sie Lebensweisheiten eines Volkes aus den Bergdörfern des Himalaya entdecken, die auf heitere und nachdenkliche Weise in ein märchenhaftes Gewand gehüllt wurden. Jahrelang zog die Autorin in der Himalayaregion umher, immer auf der Suche nach spannenden Volkserzählungen, die in diesem Buch zusammengetragen wurden.

Hardcover, 240 Seiten
DM 29,80 / ÖS 218,-- / Sfr 27,50
ISBN 3-931142-02-7

Gerog Schmertzing
Geheimnis Maria

"Seht, das Geheimnis meines Wesens ist groß, viel größer, als die Erde denkt. Ich bin die Mutter für die ganze Bevölkerung des Alls."

Mit diesen Worten, kundgetan durch die Mystikerin Luise Wittmann, gewährt uns Maria Einblick in die wahre Dimension ihres Wesens. Anhand einer Vielzahl weiterer Erscheinungen wird in diesem Buch ein kosmisches Marienbild aufgezeigt.

Broschur, 288 Seiten
DM 29,80 / ÖS 218,-- / SFr 27,50
ISBN 3-931142-08-6
Gebundene Ausgabe:
DM 39,80 / ÖS 291,-- / 37,--
ISBN 3-931142-05-1